„Je tue en toute sécurité et en tuant, je sauve des vies."

Dans la tête d'un pilote de drone

Trois jours sur une base américaine du Nevada

LA FRANCE SE LANCE DANS LA GUERRE À DISTANCE. PIERRE SE FORME SUR UNE BASE PERDUE DANS LE DÉSERT, AUPRÈS DE L'UNITÉ LA PLUS PUISSANTE DES ÉTATS-UNIS. LÀ, DANS DES BOÎTES MÉTALLIQUES, IL APPREND À CIBLER L'ENNEMI SITUÉ À L'AUTRE BOUT DU MONDE. C'EST LA GUERRE MODERNE. TECHNOLOGIQUE. CLINIQUE.

Par Marion Touboul — Illustrations Vincent Roché

16 mai 2019
Quatre frappes en Afghanistan
16 à 45 morts, 14 blessés
Provinces de Nangarhar, Lashkar Gah, Faryab, Ghazni.

1 h 45 du matin, Nevada, banlieue de Las Vegas
Pierre enfile son pyjama des airs

Dans la pénombre, elle est là qui l'attend, droite et lisse sur son cintre, verte comme les oasis qui ponctuent les plaines rocailleuses de l'Hindou Kouch. Pierre saisit sa combinaison et soudain tout lui revient.

Afghanistan, 2006. Son avion grimpe comme une fusée dans l'air poudreux, le ciel et la terre tourbillonnent, les crêtes montagneuses défilent à 1 000 kilomètres/heure, et cette combinaison si spéciale,

sourde aux flammes, son alliée dans l'enfer, est noyée sous des litres de sueur. Un monde révolu. Aujourd'hui c'est aux drones d'aller respirer le souffle opaque des combats. Pierre, lui, est cloué au sol.

Une jambe après l'autre, il enfile avec délicatesse son pyjama des airs. Cette tenue dit sa fierté d'appartenir à la grande famille des chasseurs français. Sa main gauche bute sur l'écusson rectangulaire bleu, blanc, rouge qui pare son épaule. Si on lui avait dit qu'un jour, lui, l'homme d'action nourri aux accélérations, servirait son pays aux commandes d'un avion piloté à distance, il aurait ri. Si on lui avait dit qu'en plus il devrait se lever en pleine nuit pour apprendre à piloter l'engin dans une base de l'US Air Force à quarante-cinq minutes de Las Vegas, temple de la futilité, il n'y aurait pas cru.

Que s'est-il passé ? Debout devant son miroir, Pierre contemple ses 47 ans. Des épaules carrées, des mains musclées, un regard vert toujours aussi vif et des rides légères comme un coup de vent. Il rêvait d'incarner Tom Cruise dans *Top Gun* et, quelque part, il peut être fier. Kosovo, Libye, Irak... Au total, il aura passé cinq mille deux cents heures à fendre les airs. Combien de fois a-t-il regardé les voltiges célestes du film avant d'arriver à prendre la place de l'acteur ? Vingt, trente, quarante fois ? Devant le générique de fin, il se disait : je deviendrais pilote sinon rien. L'ivresse de la vitesse ou la vie de clochard. La réussite éclatante ou l'échec, total. Plutôt crever que de se contenter des miettes d'un rêve immense en devenant

technicien ou bien même capitaine à bord du vol Paris-Brest.

Mais le miroir ne dit pas tout et Pierre le sait. Il aura beau se coller à la vitre, il ne les verra pas, ces blessures nichées au creux du dos, dans la nuque, dans les bras après des années de vol. Elles sont pourtant bien là, le menaçant à tout moment de paraplégie. La force centrifuge fait peser sur le cou plusieurs dizaines de kilos. Combien d'années ses cervicales auraient-elles encore tenu ? Sentir son corps se comprimer dans un Mirage 2000 propulsé à 800 kilomètres/heure, faire claquer les vitres des chaumières... Ça vous démonte un corps.

Alors, quand on lui a proposé de se former au pilotage des drones de combat, il a accepté. Il pense : conduire des drones, c'est prolonger le combat autrement. Et puis commander un engin à distance, c'est toujours mieux que ranger de la paperasse au fond d'un bureau... Sa maison demeurera le ciel.

Nevada, base aérienne de Creech
Sebastian a les yeux qui brûlent

Ça recommence. Ses yeux le brûlent. L'œil droit est constellé de sang. On dirait qu'un cracheur de feu s'amuse à souffler dedans. Les vaisseaux éclatent comme des bulles de savon. Il se dit : si ça continue, je finirai par voir rouge. Rouge comme le soleil qui enflamme les maisons sableuses de Kaboul les jours de vent. *« Si ça continue, je finirai par ne plus rien voir du tout. Parlons pas de malheur. »* Il a 28 ans et ses yeux, c'est tout ce qu'il a.

Il doit avoir 8 ans, dans la banlieue de San Diego. Sa mère fait des ménages chez de riches familles de Blancs. Les voisins, les flics, tout le monde se moque d'elle et de sa peau ensoleillée. Elle vient de Mexico et pour eux, sa place est là-bas. Sebastian, trop petit pour la défendre, encaisse les insultes, retient ses larmes. Les soirs, dans son lit,

Sur la base de Creech avec :

Pierre*, le pilote français
Né dans l'Hérault, 47 ans. Membre de la 33ᵉ escadre de surveillance, de reconnaissance et d'attaque (33ᵉ Esra). Déployé en ex-Yougoslavie, Afghanistan, Tchad, République démocratique du Congo, Libye, Djibouti et Niger.

Benoît*, son copilote
Opérateur capteur, dit « senso ». Né dans le Var, 43 ans. Membre de la 33ᵉ Esra. Déployé en Afghanistan, Libye, Mali, Djibouti, Tchad, RCA, Mali, Niger.

Sebastian*, le pilote américain
Né en Californie, 28 ans. Membre du 42ᵉ escadron d'attaque de la 432nd Wing. Déployé en Afghanistan.

Kevin*, son copilote
Opérateur capteur, dit « senso ». Né en Pennsylvanie, 23 ans. Membre du même escadron. Jamais déployé.

* Les prénoms ont été modifiés.

elle lui caresse le front, dit : « *Tu as de grands et beaux yeux, puissants et précis comme ceux d'un lynx.* » À l'adolescence, Sebastian découvre *Star Wars*. La guerre, le ciel, la galaxie, les combats. Il deviendra pilote de chasse pour épater sa mère, la défendre, lui décrocher une étoile. Elle sera la reine de tous les ciels du monde.

Cette douleur aux yeux est récente. Elle coïncide avec son arrivée ici, sur la base de Creech, lorsqu'il a rejoint il y a un an la fameuse 432nd Wing, la première escadre dédiée à la guerre à distance de l'US Air Force. Des hangars couleur sable, une piste d'atterrissage, des bâtiments administratifs, une salle de sport, un mess (une cafétéria), un Starbucks. Une base d'entraînement classique. Sauf que Creech, c'est déjà la guerre. La base est ce que les tranchées étaient au premier conflit mondial, son cœur palpitant. Les bombardements en Irak, en Afghanistan, en Libye, tout se passe ici, dans les *ground control stations*, ces conteneurs métalliques d'à peine 10 mètres carrés posés à même le sol qui parsèment la base. À l'intérieur se trouvent des cockpits immobiles depuis lesquels on surveille et attaque l'autre face du monde. C'est la guerre moderne. Technologique. Clinique. À distance.

C'est une base d'entraînement classique. Sauf que Creech, c'est déjà la guerre. La base est ce que les tranchées étaient au premier conflit mondial, son cœur palpitant. D'ici, on surveille et attaque l'ennemi.

3 heures
Pierre débute l'entraînement

La base de Creech semble déserte. Dommage. Pierre aurait aimé discuter avec des soldats américains pour se détendre un peu. Nerveux, il se répète mentalement chaque étape du vol à venir. Il le sait, ses vingt années de carrière ne pèsent pas lourd dans l'exercice qu'il s'apprête à réaliser : faire décoller et atterrir un avion de 4 tonnes sans être à l'intérieur. Ses cinq sens ne lui seront plus d'aucun recours. Impossible de piloter « aux fesses », c'est-à-dire de laisser au corps, soumis aux turbulences, le soin de dicter au cerveau la marche à suivre. Il faut apprendre à désapprendre. Se fier uniquement aux écrans de contrôle. Des mois qu'il s'exerce en France sur des simulateurs. Place à l'exercice grandeur nature.

Il retrouve Benoît, son « senso », l'opérateur capteur responsable de la caméra du drone, français lui aussi. Ils font partie de la 33e escadre de surveillance, de reconnaissance et d'attaque de la base aérienne de Cognac, en Charente. Une base qui, à la faveur des nouvelles technologies, a retrouvé une seconde jeunesse. Un temps dissoute, elle est devenue la toute première unité française dédiée à la guerre à distance. Elle comprend une vingtaine d'équipages déjà formés à manier les drones militaires et prévoit d'en recruter quatre fois plus d'ici 2030.

Pierre et Benoît comptent parmi les six stagiaires français accueillis pour quatre mois sur la base américaine aux côtés d'Espagnols, d'Italiens et de Britanniques. Ils ne viennent pas étudier les techniques de combat à distance, ça, ils l'ont déjà appris

l'an passé lors d'un autre stage à Holloman, au Nouveau-Mexique. Ils sont à Creech pour se former à une étape hautement délicate : le décollage et l'atterrissage «physique» mais à distance de l'appareil.

Les deux hommes se dirigent vers l'abri de tôle marron, à côté de la piste de décollage, où les attend la nouvelle coqueluche des combats aériens, le fameux drone MQ-9 Reaper, littéralement la «Faucheuse». Des ailes de 20 mètres d'envergure aussi fines que celles d'un albatros, un revêtement de matériaux composites conçu pour glisser

Nouvelle coqueluche des combats aériens, le drone MQ-9 Reaper, littéralement la « Faucheuse », a des ailes de 20 mètres d'envergure aussi fines que celles d'un albatros. Le redoutable engin de guerre paraît aussi inoffensif qu'un planeur.

Il faut frapper là où se trouvent les « bad guys » : terroristes, criminels, dealers, tout ce magma de vies poisseuses qui menacent les hommes et la sécurité des États-Unis.

dans la masse d'air... Le redoutable engin de guerre paraît aussi inoffensif qu'un planeur. À côté, l'ancien Mirage 2000 de Pierre lui fait penser à un encombrant diplodocus.

Vent faible, ciel dégagé. « *You are lucky* », annoncent les deux instructeurs américains à l'équipage français. C'est l'avantage des entraînements de nuit : les conditions atmosphériques sont stables. À partir de 10 heures, le thermomètre monte et avec lui les ascendances thermiques. Un cauchemar pour le pilote de drone encore novice. Pas de double commande. Si l'avion pique, impossible pour l'instructeur de rectifier le vol. Le crash guette à tout moment.

4 heures du matin. Après vérification de l'appareil, Pierre et Benoît pénètrent dans l'un des conteneurs métalliques climatisés. Pierre s'assied devant la console de gauche, Benoît devant celle de droite. Des écrans tactiles leur opposent un foisonnement de boutons qui varient selon le menu choisi. L'interface, complexe et vieillotte, est restée au stade de sa conception par des ingénieurs américains. C'était au lendemain du 11 septembre 2001. Les Américains décident de représailles en Afghanistan. Les premiers Reaper armés entrent aussitôt en fonction pour frapper les taliban. Depuis, guerre contre le terrorisme oblige, personne n'a eu le temps de se pencher sur l'ergonomie de la plate-forme, dont la maîtrise requiert des mois d'apprentissage.

L'aube se lève. Casque sur les oreilles, les deux hommes s'apprêtent à faire décoller le drone, stationné à quelques mètres. Benoît saisit la check-list qui précède le vol et en fait la lecture au pilote : « *Circuit carburant ?*
— *Sur automatique !* lance Pierre.
— *Régime moteur ?* »

La main gauche du pilote attrape le levier du régime moteur et s'assure qu'il est bien en position basse vers l'arrière : « *En position minimum.*
— *... Température moteur ?*
— *En dessous de 200 °C, démarrage à froid.*
— *Pompes carburant ?*
— *On.*
— *Pression carburant ?*
— *Vérifiée, on peut lancer la mise en route.* »

Dans les écouteurs, Pierre dialogue avec le contrôleur aérien, comme sur un avion classique : « *Creech Tower, Reaper 22, holding point 26, ready for departure.*
— *Reaper 22, line-up runway 26, wind 275 degrees at 16 knots, clear for take-off.*
— *Clear for take-off runway 26, Reaper 22.* »

Juste à côté du conteneur, sans qu'ils puissent le voir, le drone décolle, fond dans le ciel rose, survole les collines avant de tourner au-dessus de la base. Pierre et Benoît opèrent une descente, mais ont à peine le temps de frôler le tarmac. L'appareil repart à la demande de l'instructeur, qui enclenche une fonction pour simuler une panne de carburant. Le drone pique du nez. Benoît ajuste la caméra. Le vent s'engouffre dans les ailes, l'engin perd de l'altitude. « *Et maintenant atterrissez !* », ordonne l'instructeur. Panique à bord. La vidéo sur l'écran de contrôle hoquète. Le front du pilote dégouline. Le Reaper valse dans les turbulences. Vite. Trouver la bonne combinaison de boutons sans se perdre dans les menus.

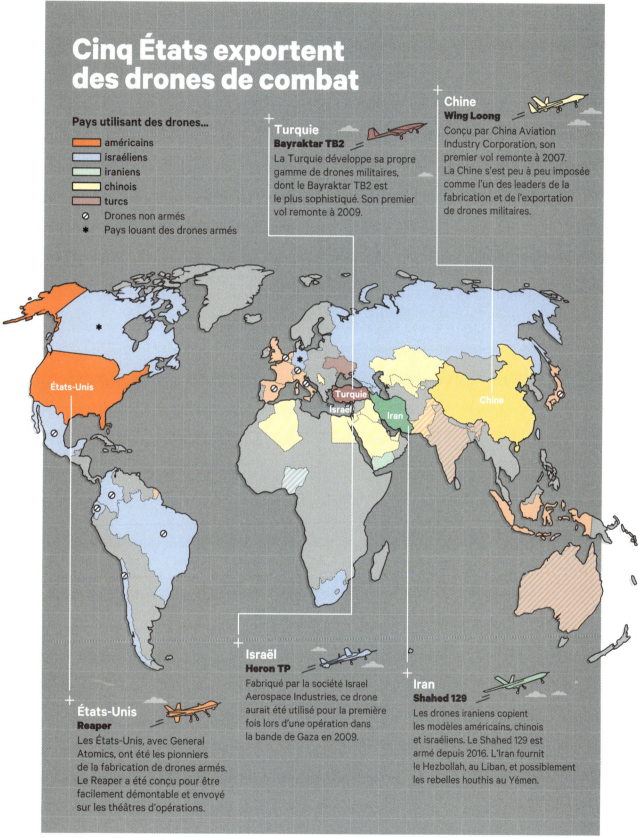

Vite. De justesse le drone retrouve sa stabilité. Le moteur coupé, la conclusion de l'instructeur est implacable : « *Pierre, vous pilotez comme un manche.* »

6 heures

Depuis son siège, Sebastian survole l'Afghanistan

Quelques pilotes vont et viennent sur la base au milieu des techniciens en tenue de camouflage. Sebastian pénètre dans l'une des *ground control stations*, ces conteneurs d'à peine 10 mètres carrés. Deux sièges. Il s'installe à gauche, au poste de pilotage. La pièce aveugle et plongée dans le noir lui fait penser à une grosse boîte de conserve percée d'écrans. On y voit des graphiques avec des données météorologiques, une carte du terrain survolé, une image radar. Et sur le dernier écran, la zone à surveiller.

Depuis des semaines, il passe au crible la province de Nangarhar, à l'est de l'Afghanistan, foyer à la fois des taliban et des combattants de l'État islamique. Elle est devenue son terrain de chasse. Montagnes, villages, rues défoncées, marchés grouillants et vagues de toits plats, bétonnés : il pourrait retrouver son chemin les yeux fermés dans ce labyrinthe poussiéreux.

À sa droite, Kevin, son « senso » en charge des capteurs d'images – l'équivalent de Benoît pour Pierre –, ajuste son siège. À 24 ans, Kevin est à peine plus jeune que Sebastian. C'est sa première mission. Sa voix est rauque, coupante, froide comme s'il cherchait à se donner dix ans de plus. Sebastian trouve son camarade encore plus pâle et maigre que d'habitude. « *Un teint de boîte de conserve… Voler dans un vrai avion lui ferait du bien.* » L'US Air Force manque d'effectifs et la formation des « sensos » à bord de véritables avions se limite généralement à quelques dizaines d'heures.

Sebastian, lui, a été déployé trois fois en Afghanistan en tant que pilote chargé du ravitaillement des F16, le célèbre avion de combat américain. Mais il l'aime bien, Kevin. C'est un bon gars, un patriote qui a grandi comme lui à l'époque où fumaient encore les braises du World Trade Center. Lui aussi, il est en guerre contre le terrorisme, ce serpent à mille têtes qui peut frapper partout, tout le temps. Rien à voir avec les conflits passés où deux blocs s'opposaient. Les frontières du champ de bataille sont désormais fluctuantes. Il faut frapper là où se trouvent les *bad guys*, terroristes, criminels, dealers, tout ce magma de vies poisseuses qui menacent leurs hommes et la sécurité des États-Unis. Voilà pourquoi le drone est si utile. Il permet de surveiller un territoire vingt-quatre heures sur vingt-quatre, sept jours sur sept. Kevin est passionné par tout ce qui vole. Il a même tatoué à l'intérieur de son bras droit un faucon survolant les forêts de sa Pennsylvanie natale. Il rêvait de suivre les traces de son père, l'un des plus grands pilotes de chasse de sa génération. Mais avoir un fils au sein du programme américain de drone, quelle fierté. Quoi de plus louable que de sacrifier ses rêves de voltige, d'aventure pour servir son pays à domicile ? Il faut du cran pour un tel renoncement. Sebastian pense : si j'étais né un peu plus tard… À quelques années près, j'aurais peut-être aussi directement atterri ici, au Nevada.

Le Reaper flotte déjà à plus de 4 500 mètres au-dessus de l'Afghanistan, où l'engin est stationné. Quelques minutes plus tôt, des soldats américains, sur le sol afghan, l'ont fait décoller. Impossible d'accomplir cette tâche depuis les États-Unis via les satellites. La latence du signal entre la commande de l'action et son exécution par le drone serait trop longue. Ce n'est qu'une fois en l'air que les manettes sont confiées au pilote et au « senso » du Nevada. Ce sont eux qui le font voler, eux qui tuent. Ils sont les maîtres du combat à distance.

Il est 6 h 30 au Nevada, 18 heures en Afghanistan. La guerre peut commencer. Sur les écrans de contrôle apparaissent des villageois. Ils sortent de chez eux, profitant de la fraîcheur du soir. Dans le casque des deux Américains, des voix lointaines grésillent, celles de soldats déployés sur place. Ces hommes font partie de l'unité appelée JTAC, pour Joint Terminal Attack Controller, les contrôleurs aériens avancés. Leur mission est centrale : ils font le trait d'union entre les appareils de combat et les troupes au sol. Le JTAC informe les pilotes qu'une opération est en cours. Des fantassins vont tenter d'intercepter un convoi armé des taliban. Le rôle de Sebastian et de Kevin est d'appuyer les troupes au sol. De sécuriser la zone depuis le ciel.

« *On s'approche* », ordonne Sebastian à Kevin. Les mains de Kevin glissent aussitôt sur un foisonnement d'interrupteurs. Toutes ces commandes sont reliées au ventre de l'appareil où sont fixées les caméras. Il peut zoomer, dézoomer, revenir en arrière. Tout est enregistré. Archivé. Les images doivent être les plus précises et plus nettes possible. Il ajuste la luminosité, règle le contraste, s'assure de ne jamais être à contre-jour… Pour chaque manipulation, il faut compter deux secondes de délai. Deux secondes, c'est le temps de latence du signal qui sépare la machine du satellite, situé quelque part entre le Nevada et l'Afghanistan. Kevin tourne la caméra à droite, *two seconds delay*. Il zoome, *two seconds delay*. Et Sebastian appuie sur la détente, *two seconds delay*. Les premiers mois, ce manque de réactivité était un casse-tête. Puis l'équipage s'y est fait. « *Yes, on se fait à tout.* »

La « Faucheuse » survole une route cabossée. Vieux réflexe : Sebastian tourne encore la tête à droite et à gauche comme pour surveiller la présence éventuelle d'avions à l'aplomb de l'aéronef. Kevin, lui, suit à la trace les pick-up ennemis. Depuis le début de l'année 2019, les attaques aériennes de l'US Air Force par drone et par avion de chasse se sont multipliées en Afghanistan. 683 frappes rien qu'en avril dernier. Les gars racontent que c'est à cause des accords de paix qui se préparent là-bas. Drôle de logique. Elles auraient fait 421 victimes, dont 23 civils et 3 enfants, un chiffre historiquement haut. Mais Sebastian ne veut pas savoir. Son job, c'est de maintenir une épée de Damoclès au-dessus de la tête des taliban, une surveillance létale permanente. Une mosquée qui se vide plus tôt que prévu : c'est louche. Un attroupement dans une maison : suspect. Un rassemblement dans la nuit : anormal. Les cibles seront dans l'œil du drone des semaines, des mois. Leur identité ? Ça lui est égal. C'est le boulot des gars qu'on appelle les *screeners*, déployés dans des bureaux sur la côte Est des États-Unis. Eux passent en boucle les images de Kevin et les croisent avec les renseignements militaires. Ce sont eux qui repèrent les *bad guys*. Ils sont la tête pensante. « *Moi, j'exécute.* »

Eux, nous, les hommes déployés sur place, nous formons une meute, pense Sebastian à mesure que l'engin se rapproche des camions ennemis. Une meute regroupée par la magie des satellites. Les Américains ne contrôlent pas seulement le ciel, ils « tiennent » l'espace. « *Là est le secret de notre puissance. En tant que pilote, je suis le chien d'attaque. J'ai le mot final. J'appuie sur la détente.* »

Une mosquée qui se vide plus tôt que prévu : c'est louche. Un attroupement dans une maison : suspect. Un rassemblement dans la nuit : anormal. Les cibles restent dans l'œil du drone des semaines, des mois.

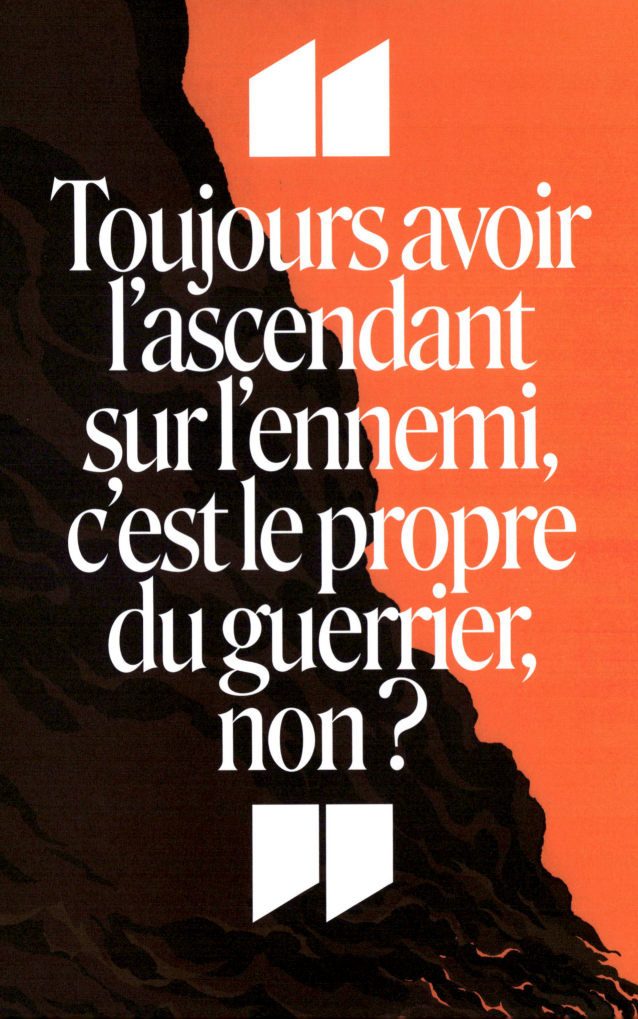

Il dispose de six bombes GBU-12 à guidage laser de 250 kilos chacune et de missiles Hellfire, aussi précis que redoutables. «*Je tue en toute sécurité et en tuant, je sauve des vies. "Drones save lives".* » Combien de soldats au sol seraient morts si on ne veillait pas sur eux jour et nuit grâce aux caméras infrarouges ? «*Les drones sont l'arme du bien.*» Quelle fierté d'appuyer ces hommes déployés dans la poussière qui se battent pour sa mère, pour des millions d'Américaines. «*Les drones sauvent des vies. Je suis les Afghans à la trace et si ça tourne mal, boum, on lance l'assaut, je tire.*»

Sebastian fait entièrement confiance au reste de l'équipe. Quand Kevin désigne la cible avec le laser, il est sûr à 100% qu'il s'agit d'un taliban. Il veille, il surveille, il informe, il voit tout, tout le temps, aussi discret qu'un ballon d'hélium qui dérive lentement sur les flancs d'une colline. «*J'aide mon pays à maintenir la paix. C'est une telle chance d'être pilote de drone.* » Invisible. Invincible. L'ennemi ne peut se battre, il n'a ni drone ni satellite. Et alors ? Les Afghans ne doivent pas, jamais, avoir de drones. C'est une guerre asymétrique et elle doit le rester. Toujours avoir l'ascendant sur l'ennemi, c'est le propre du guerrier, non ?

Succession de voitures éventrées sur le bas-côté de la route. «*Peur ? Bien sûr, j'ai peur.* » La première fois qu'il a largué une bombe depuis le Nevada, ses doigts sont devenus tout blancs à force de serrer le manche. Ça arrive à plein de gars de l'escadron. On l'appelle le *white fingers syndrom*, le syndrome des doigts blancs. «*Le nombre de personnes que j'ai abattues ? Aucune idée. Ce qui compte, c'est le nombre de vies que je sauve. "Drones save lives".* »

6 heures

Dos en nage, tête en feu, Pierre sort de son box métallique

Les remontrances de l'instructeur tournent encore dans la tête de Pierre mais, au fond, il est plutôt satisfait de lui.

En deux heures, il aura fait décoller et atterrir huit fois l'engin dans des conditions extrêmes. Huit *touch and go*, une vraie prouesse. Demain, il recommence. L'enjeu est immense. Une fois prêt, il pourra former de nouveaux équipages qui viendront grossir les troupes au Niger, là où volent déjà des Reaper français.

Depuis plus de cinq ans, la base aérienne 101 de Niamey, au Niger, effectue des missions de renseignements dans divers points chauds du Sahel et du Sahara dans le cadre de l'opération Barkhane. Cette base équivaut à celle de Creech. On y trouve les mêmes conteneurs et les mêmes «Faucheuses», douze au total, non armées jusqu'à la fin de l'année 2019. Mais tant que les pilotes français n'ont pas été formés au décollage et à l'atterrissage des drones, ce sont des soldats américains qui font le job à leur place sur la base française. Il est temps que ça change, pense Pierre.

Midi. Avant de rentrer chez lui, dans la banlieue paisible de Las Vegas, Pierre pénètre dans l'imposant hangar de maintenance où sont stockés les drones de retour de théâtres d'opérations. Six Reaper, gris comme un ciel d'orage, attendent, ventre ouvert, que des techniciens viennent les contrôler. Quelques heures auparavant, ils étaient encore en pièces détachées dans des caisses de transport. C'est là tout l'intérêt du drone : être facile à livrer sur tous les terrains d'opérations. Ces Reaper voyageurs reviennent-ils d'Afghanistan, du Pakistan, d'Irak ? Les terrains d'opérations précis des Américains sont classés secret-défense.

Le pilote français fait le tour de l'engin. La capacité des hommes à mettre sur pied des inventions pareilles l'a toujours épaté. Il se souvient de son premier vol d'entraînement. C'était à bord d'un Tucano. Il avait reproduit à l'identique, en bois, le cockpit de l'appareil pour pouvoir répéter l'exercice chez lui autant de fois que nécessaire. Il voulait percer les mystères de sa puissance guerrière. Des années plus tard, Pierre a pris les commandes d'un Alphajet puis d'un Mirage 2000.

HIVER 2020 —XXI—**15**

Le sang propulsé dans les jambes, le pantalon anti-G qui vient comprimer les jambes, la respiration saccadée… Toutes ces sensations devenues si familières et grisantes dont il faut aujourd'hui apprendre à se passer.

Le ciel soudain lui manque. Les airs et leurs récits épiques. Lui reviennent ses nuits de gosse plongé dans les pages du *Grand Cirque*, l'odyssée du pilote Clostermann, projeté dans la foudre de la Seconde Guerre mondiale. Courage, bravoure, héroïsme enfiévraient le corps du combattant. Et maintenant? Que reste-t-il de l'engagement guerrier sans celui du corps? Que reste-t-il des batailles quand seul coule le sang ennemi? Que reste-t-il de la bravoure quand les gagnants sont toujours les mêmes? Que reste-t-il du courage sans sacrifice?

La vérité, c'est qu'on est plus efficace aux commandes d'un drone qu'à celles d'un avion de chasse, pense Pierre. Faut admettre qu'il n'offre que des avantages.

Sa discrétion: une fois dans les airs, le Reaper, invisible et pratiquement inaudible, permet de surveiller l'ennemi en permanence sans se faire repérer. Son coût: 14 millions de dollars. Deux fois moins qu'un Mirage 2000, dix fois moins qu'un Rafale. Son endurance enfin: l'oiseau meurtrier peut voler jusqu'à vingt-cinq heures sans se ravitailler en carburant, contre seulement quarante-cinq minutes pour un Mirage. Pas étonnant que tant de pays cherchent à s'en procurer. L'Espagne, l'Angleterre, l'Allemagne, Israël, la Turquie, la Chine ou la Suède utilisent déjà des drones armés. Aujourd'hui, c'est au tour des Français de remplir le ventre des engins de bombes à guidage laser.

L'évolution est inéluctable, se dit Pierre. On ne peut pas rester au temps des chevaliers! Le statu quo qui consistait à utiliser des drones seulement pour surveiller la cible depuis le ciel n'est pas tenable. Partir en mission sans arme, c'est un peu comme si un pompier tentait d'éteindre un feu de forêt sans lance à incendie.

Reste à faire accepter l'idée à l'opinion publique. Le regard du pilote bute sur le drapeau américain de 5 mètres de haut qui couvre tout un pan du hangar. Devant, les techniciens s'agitent. Il les envie, ces soldats dont la nation est fière. Ils peuvent sortir de chez eux en uniforme. Que se passerait-il s'il en faisait autant en France? Il redoute l'incompréhension, les regards appuyés, les insultes, voire une attaque de la part d'extrémistes. L'autre jour, il est entré dans un café à Las Vegas et quand il a expliqué au serveur qu'il était militaire, on lui a offert sa consommation. Ça l'a ému aux larmes. Il pensait que les attentats de Paris inverseraient la tendance, que les Français, soudain, comprendraient l'intérêt de la guerre menée au Sahel et des nouveaux outils technologiques, mais non, on leur dit drone, ils pensent Big Brother et robot tueur…

14 h 30

Plus qu'une heure… L'esprit engourdi de Sebastian flotte

18 °C à l'intérieur, 30 à l'extérieur. Bientôt huit heures à surveiller le même village, les faits et gestes d'un même groupe d'hommes qui leur échappe… Huit heures à n'être qu'une tête. Les yeux de Sebastian peu à peu fatiguent, ses jambes picotent. Son esprit engourdi flotte. Plus qu'une heure. L'esprit divague, aussi brumeux que les batailles sans combat. Entendre vibrer le téléphone, voir le nom de Lizzie, sa femme, apparaître. Que fait-on pour le frigo? On le répare ou on en rachète un? Éteindre le portable, revenir à l'écran de contrôle, avoir l'impression de sentir le vent s'engouffrer dans les robes bleues des Afghanes et vouloir plonger dans la mer, se jeter dans les vagues, avoir pitié pour les hommes au sol le dos courbé par le poids des armes, peser une tonne le cul dans ce siège, penser à fêter l'anniversaire de sa mère le lendemain, trouver un air de ressemblance entre cet Afghan et son frère, avoir envie d'aider ce gamin à démêler

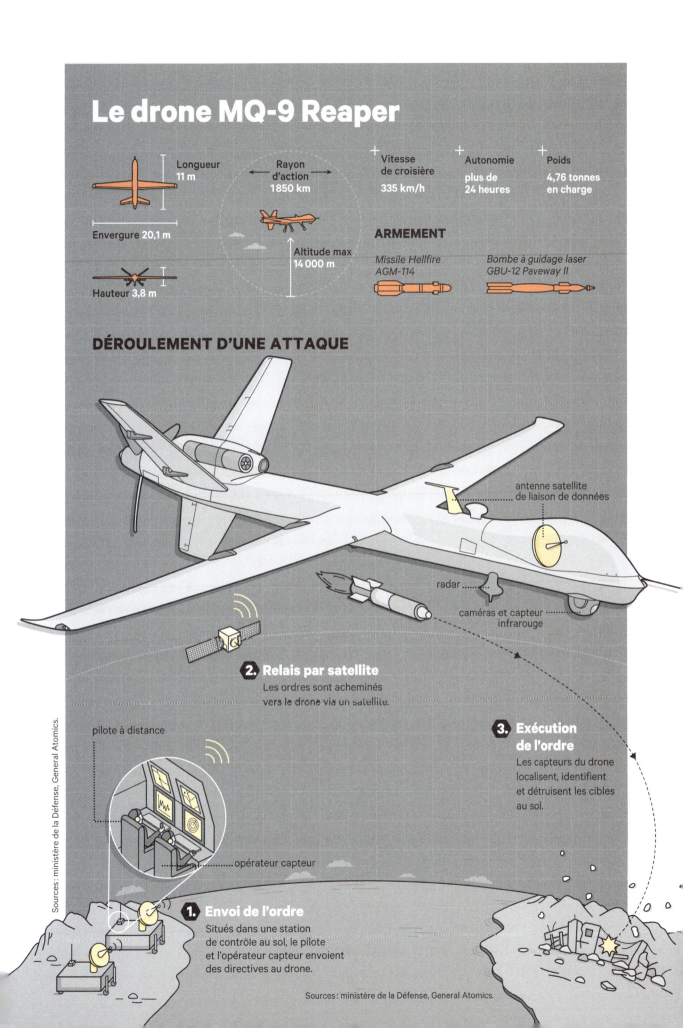

les fils de son cerf-volant, regarder la nuit couvrir les écrans de contrôle, ajuster le vol, réajuster le siège, se lever, aller une minute trente se vider la vessie, respirer l'air poussiéreux du Nevada, se dire qu'il est aussi épais que celui de Kaboul, prendre un café et revenir en guerre, repenser à l'océan, plus que trente minutes, la sensation de l'eau sur la peau, rêver de vacances, se dire que deux jours de congé c'est trop court pour aller voir la mer, sentir la fatigue atteindre les bras, se demander si le gamin au cerf-volant sent la présence du drone à force de fixer le ciel, se lever, baisser la clim, prendre un nouveau café, sentir monter le froid et la fatigue. Le vertige. Le vide.

15 heures. Fin de service. Le drone reste en orbite. Sebastian et Kevin laissent les commandes à l'équipage suivant pour huit heures. Et ainsi de suite, vingt-quatre heures sur vingt-quatre. Une guerre au loin, une guerre sans fin.

17 mai

Huit frappes en Afghanistan
Nombre de victimes inconnu
Provinces de Baghlan, Kandahar, Koundouz, Parwan, Orozgan.

15 heures

Une tempête de sable vide la piste de décollage

Un violent vent traversier, un *crosswind* à 40 kilomètres/heure, secoue la base. L'ombre des nuages dessine sur les collines vertes des taches brunes pareilles à celles des tenues militaires. Partout ailleurs, le sable et la poussière se mêlent dans la tempête. Un décor aride, afghan. Pierre respire profondément. Il se revoit aux manettes de son Mirage 2000. Dans la nuit sans lune comme dans le jour au zénith, il mettait les gaz, perçait le ciel, il était chez lui là-haut.

Ses pensées sont interrompues par les allées et venues de soldats américains. Le vent qui retient l'équipage au sol n'empêche pas les *hunters* de Las Vegas de faire la guerre là où le ciel est clément. Combien Creech compte-t-il de cockpits dans des cages métalliques ? Cinquante ? Soixante ? Peut-être davantage. Le chiffre précis est tenu secret. Ces "boîtes" sont autant de bulles afghanes, pakistanaises, irakiennes, libyennes, se dit Pierre. Un pilote américain sort du conteneur. Leurs regards se croisent. Quel pays était-il en train de survoler ? L'Irak ? Le Yémen ? Un Reaper de l'US Air Force a été récemment abattu au Yémen, où les États-Unis ne sont pas officiellement en guerre. En Somalie, pays supposément en paix, les mêmes oiseaux guerriers auraient tué des centaines de personnes depuis 2007. Que se passe-t-il au juste dans l'obscurité et le silence de ces box ? Pierre ne cherche pas à le savoir. Il est là pour apprendre la technique, c'est tout. Il compare, il pense : la force du combattant français, c'est son éthique. Respecter les fameuses règles d'engagement qui régissent l'emploi de la force armée par les soldats sur un terrain d'opérations, avoir le souci permanent de limiter les « dommages collatéraux », voilà qui le rend fier d'être français.

Benoît l'a rejoint sur le parking. Tous les deux s'engouffrent dans la voiture et prennent à gauche sur la Highway 95, direction Las Vegas, plus au sud. Cette fois-ci, le paysage défile *pour de vrai* autour d'eux. Collines, désert, collines, désert. Ils allument la radio mais l'éteignent aussi sec. Silence. Déception de n'avoir pas *volé*, même par procuration.

Pierre repense à ce pilote américain dont il a croisé le regard. Est-il marié ? A-t-il des enfants ? Comment fait-il pour combattre la journée et rentrer chez lui le soir *comme si de rien n'était* ? Lui ne pourrait pas. Il a besoin d'être pleinement impliqué dans ce qu'il fait. Soit la paix, en famille, soit la guerre, au travail. Heureusement, la France a choisi de ne pas se calquer entièrement sur le modèle américain. Personne pour bombarder depuis l'Hexagone. Les dizaines d'officiers déjà envoyés au Niger agissent dans le cadre d'une opération extérieure. Ils goûtent au sable, à l'inconfort des camps militaires, à la chaleur de Niamey. Objectif : limiter la distanciation, faire en sorte que le militaire français se sente engagé dans le conflit. Les équipages sont constitués de quatre personnes au lieu de deux. En plus du pilote et de l'opérateur capteur, il y a, dans une salle annexe truffée d'écrans, un opérateur image et un coordinateur tactique. «*Non, les drones ne sont pas des robots tueurs.*»

15 heures
Dans sa voiture, Sebastian tombe sur du rock chrétien

Quand Sebastian ferme les yeux, il voit un écran beige et des points noirs qui progressent très lentement. Il a l'impression d'être parti si loin… Highway 95, direction Las Vegas. Il ouvre grand les fenêtres. Il aime ça, respirer l'air sec du Nevada. Mettre la radio à fond. Les enceintes crachent du rock chrétien. Il change la fréquence. Voudrait capter un air mexicain. Les guitares des mariachis, voilà ce dont il aurait besoin.

Il a une heure. Soixante minutes pour oublier la guerre, la tension sourde et les menaces lointaines qui planent sur les troupes au sol. Quitter sa peau de chasseur. Atterrir. C'est l'étape la plus délicate. Le passage express de la guerre à la paix. La journée s'achève, on rentre chez soi et il faut réparer ce foutu frigo, cuisiner, sortir les poubelles.

Il repense avec nostalgie à l'époque où il partait en mission six mois, parfois davantage. En Afghanistan avec les gars de l'escadron, ils parlaient guerre, mangeaient guerre, dormaient guerre, jouaient aux cartes en pensant aux batailles… Un bombardement qui tournait mal, l'ennemi qui leur tendait un piège, l'avion qui tombait en panne, ils en discutaient aussitôt, ne laissant pas le temps à l'événement traumatique de pénétrer leur inconscient. Et puis une fois le mandat terminé, ils partaient en «sas de décompression», un séjour de quelques jours où, avec une équipe spécialisée, ils débriefaient ce qu'ils avaient vu, vécu. Les peurs, les frustrations, les malentendus étaient évacués. On les conseillait même sur la manière de revenir chez eux, d'aborder leur femme après ces longs mois d'absence. Les mondes étaient compartimentés.

Là, c'est différent. Pas le temps de consulter un psychologue. Pas même celui d'échanger avec les camarades. Quand la journée est terminée, on s'empresse de rentrer chez soi. Faut encaisser. Suivre la cadence. 4% des soldats seraient atteints de trouble de stress post-traumatique. Si les images en HD de corps en charpie hantent les esprits de certains, la vraie menace pour les équipages de drone, c'est le burn out. Il manque 3 300 pilotes au sein de l'US Air Force. Les primes, qui peuvent atteindre 35 000 dollars annuels, n'ont pas encore permis de recruter suffisamment d'effectifs. Et l'armée prévoit d'acheter de nouveaux drones…

En attendant, il arrive que les *shifts* de Sebastian passent de huit heures à dix, voire douze heures. Et puisque la guerre ne laisse aucun répit, il faut travailler les weekends, les jours fériés. Les dates de congé hebdomadaire varient constamment. Sebastian n'a plus le temps de faire du sport.

Pas le temps d'échanger avec les camarades. Quand la journée est terminée, on s'empresse de rentrer chez soi. Faut encaisser. Suivre la cadence.

Sebastian roule dans le désert. Il a une heure pour quitter sa peau de chasseur. Atterrir. Le passage express de la guerre à la paix. On rentre chez soi et il faut réparer le frigo, sortir les poubelles.

Les rares fois où il va courir, c'est pour se vider la tête. Ne pas devenir fou. Il a vu des jeunes engagés dans l'armée pour voir du pays qui débarquent ici, largués dans ce bout de désert. Certains quittent leur famille pour la première fois. Ils savent à peine conduire. Épuisés, sans repère, ils se perdent dans les casinos de Las Vegas, l'alcool, la drogue, avant de pousser sur la manette des gaz. Il y a aussi les pilotes dont l'unité a fermé faute de moyens. Ils voudraient quitter l'US Army, rejoindre des compagnies d'aviation civile mais doivent d'abord rembourser leur formation longue et coûteuse, c'est-à-dire servir Creech pendant cinq à dix ans. Les gars sont déprimés. En manque de lumière. De sommeil. De perspective.

19 mai

**Vingt-cinq frappes en Afghanistan
15 morts et 5 blessés**
Provinces de Paktika, Farah, Nangarhar, Kandahar, Hérat, Helmand.

20 heures
Chez Pierre, un barbecue entre collègues

C'est lorsque la nuit s'installe que Las Vegas s'éveille avec sa profusion de lumières criardes. Des touristes flânent, tranquilles, le long du Strip, cette portion de 6 kilomètres du Las Vegas Boulevard où se succèdent les grands hôtels et les casinos. Dans quelques heures, ils partiront au bras d'une Latina trop maquillée se réfugier dans des chambres feutrées. Deux mois ont suffi au pilote français pour connaître le manège vespéral du sexe et des dollars. Pierre préfère désormais passer ses soirées dans son quartier résidentiel, déserté par les voitures, où l'on entend seulement quelques enfants chahuter.

Comme la plupart des officiers américains, il habite la banlieue coquette du nord de Las Vegas. Il aurait aimé loger à proximité de Creech mais la base aérienne est cernée par le désert. Les six Français en formation, trois pilotes et trois opérateurs chargés des images, vivent dans la même résidence.

Ça facilite la logistique. Le matin, ils partent ensemble. Quasiment une vie de caserne. Les villas sont impersonnelles et excentrées mais qui se plaindrait d'avoir un bout de jardin arboré, une salle de sport et une piscine en plein désert ?

Dans la cuisine plane un doux parfum sucré. Carole, sa femme, a préparé un gâteau aux pommes. Quelle chance de l'avoir ici à ses côtés. Dès que le pays où il est déployé le permet, elle l'accompagne. La vie de pilote de chasse, c'est être absent pratiquement une année sur deux. Beaucoup d'épouses finissent par décrocher. Avec les drones, les missions promettent d'être plus courtes. Pas plus de deux ou trois mois. Un argument de taille pour recruter de futurs pilotes.

Ce soir, Carole et lui ont convié quelques gars du groupe à un barbecue autour de la piscine. Avec les entraînements nocturnes, ils vivent en décalé. Pour récupérer, ils se couchent généralement avant minuit.

Benoît, le « senso », et un autre pilote sont arrivés. Tous font partie de l'escadron de Cognac. La Libye, l'Irak, Djibouti, l'Afghanistan… Les yeux brillants d'émotion, ils se souviennent de leurs opérations extérieures à bord de leurs monstres des airs. Dans le ciel à larguer la mort, ils se sentaient utiles, héroïques. Qu'en est-il des pilotes de drone ? Des héros à distance, il y en aura tôt ou tard, Pierre en est sûr. En mai dernier, ce sont d'ailleurs des Reaper de surveillance pilotés par des militaires de leur escadron qui auraient participé à la libération des deux otages français au Burkina Faso, en surveillant la planque jour et nuit pendant des semaines depuis Niamey. De quoi changer l'opinion publique ? Pas suffisant. *« Les Français ne veulent pas comprendre,* peste Pierre. *Regarder la terre depuis un drone,* *c'est comme regarder le sol depuis le trou d'une paille. Les cinq drones français ne permettront jamais de surveiller tout un désert, encore moins un pays ! »*

Minuit. Les officiers vont se coucher, des rêves de reconnaissance plein la tête.

Minuit

Sebastian est mort, vidé

Il vit dans une villa au nord de Las Vegas dont il n'a, comme beaucoup de soldats, pas le temps de profiter. Il a passé la soirée chez des voisins avec sa femme Lizzie. C'était la première fois qu'ils les rencontraient. Ils avaient organisé un barbecue. Sebastian est arrivé en retard, ça a fait scandale. Pas auprès de Lizzie – elle aussi est militaire, elle comprend – mais auprès de leurs hôtes qui ont pensé que le jeune homme se moquait d'eux. Sebastian s'est contenté de s'excuser. Qu'aurait-il pu dire ? Qu'il y avait ce char, bourré d'explosifs, qu'il fallait neutraliser avant qu'il pénètre sur un marché ? Que le camion est resté immobile pendant quatre heures ? Qu'il a ensuite fallu attendre que les rues du quartier soient désertées pour larguer la bombe ? Qu'il venait de passer non pas huit mais douze heures devant l'écran ? Qu'il était mort. Vidé.

S'il revenait d'un vol dans un avion de chasse, on le considérerait comme un héros. Mais puisqu'il rentre d'un obscur bureau bardé d'écrans, c'est simplement un homme en retard. Le mois dernier, on lui a remis une médaille *« en récompense de [son] engagement et de [son] dévouement »*, a dit le colonel. Il en a eu les larmes aux yeux. Enfant, il répétait à sa mère qu'il voulait sauver le monde. Il lui demandait conseil. En s'endormant, il pense à elle, à ses rêves de voltige. À cette étoile que jamais il n'ira lui décrocher. **XXI**

Sources : rapport du Bureau of Investigative Journalism, résumé officiel des frappes américaines (http://archive.is/dSIbp#selection-1569.0-1605.46).

Marion Touboul
Journaliste, elle a couvert l'actualité égyptienne pendant une dizaine d'années pour Arte, Europe 1 et la RTS. Elle est l'auteure d'*Amours, Voyage dans l'intimité des Égyptiens* (Transboréal, 2015) et a écrit pour *XXI* le récit « Le Roi des contrebandiers », sélectionné pour le prix Bayeux des reporters de guerre.

Vincent Roché
Un jour, il a annoncé à son patron qu'il voulait vivre du dessin. Il lui a répondu : *« Chiche ! »* Vincent Roché a quitté son job de graphiste pour se consacrer pleinement à l'illustration. Il collabore aujourd'hui avec de grandes marques et travaille pour l'édition et la presse.

«Je suis devenue télépilote»

Les airs me fascinent autant qu'ils me terrifient. Depuis la lecture de *Terre des hommes* d'Antoine de Saint-Exupéry, je rêve de sillonner le ciel. Mais l'engagement du corps me freine. Peur de l'accident. Ou de prendre goût à l'altitude et d'être sujette à une sorte de narcose des airs.

En 2017, je m'entraîne sur un premier drone acheté sur Le Bon Coin. Il coûte quelques dizaines d'euros et ressemble aux jouets volants qu'on peut gagner sur les fêtes foraines. Mais à la deuxième tentative pour le faire voler, l'appareil, emporté par un courant d'air chaud, est littéralement aspiré par les nuages. Je ne le reverrai plus.

Le cœur de la « machine »

Privée de mon petit drone, je commence à m'intéresser à ceux qui les pilotent. Le fait qu'aux États-Unis des hommes aient le droit de vie ou de mort sur des Afghans, à l'autre bout du monde, m'interpelle. Savoir que la France s'apprête à les imiter début 2020 me décide à entreprendre un reportage. Je veux pénétrer le cœur de la « machine » : la base de Creech. Obtenir l'autorisation de me rendre dans la zone militaire aura pris presque trois mois. Sur place, je suis cornaquée par deux officiers de communication. Les interviews avec les pilotes Sebastian et Kevin ont beau être cadrées, je suis toutefois libre dans mes questions. De cette immersion, je garde le souvenir de baraquements perdus dans le désert, où se mène une guerre aseptisée, chirurgicale, coupée de tout contact humain.

Pourtant, je reste convaincue que le drone peut offrir de formidables opportunités : sauvetage en mer, prévention des feux de forêt... À mon retour, je décide de devenir pilote, par simple curiosité. Depuis l'été 2018, la France a mis en place un examen théorique de télépilote. Il est obligatoire pour qui veut se professionnaliser dans le pilotage de ces aéronefs.

Le roulis, le tangage et le lacet

C'est un QCM d'une heure et demie, avec huit matières au programme. Le taux de réussite ne dépasse pas les 50 %. Bien décidée à l'avoir, je m'inscris à une formation de quinze jours sur l'aérodrome civil de Cahors. Parmi les six stagiaires, je suis la seule femme. Sébastien veut filmer des mariages depuis les airs, Stéphane aimerait pulvériser des produits naturels sur des cultures malades. Jean-Michel, originaire de Guyane, rêve de livrer des poches de sang via le ciel... Jour après jour, j'apprends à décrypter un message météo, à communiquer avec une tour de contrôle, à comprendre le fonctionnement des satellites auxquels les drones sont rattachés. Puis nous faisons voler les appareils (des Phantom 4, des drones d'un kilo et demi, petits bijoux de technologie). J'apprends le roulis, le tangage et le lacet, ces mouvements de rotation qui, bien dosés, permettent d'obtenir un vol stable et de belles vidéos. En quelques jours, je gagne en aisance. Dans le retour vidéo, je vois le Lot s'écouler sous mes pieds, les arbres et les oiseaux. J'y suis parvenue. J'ai l'impression de voler.

> « Dans ces baraquements perdus dans le désert se mène une guerre aseptisée, coupée de tout contact. »

EN COULISSES

Un ennemi devenu proie

Agrégé de philosophie et chercheur au CNRS, **Grégoire Chamayou** dénonce le principe de la guerre asymétrique. En étudiant les bouleversements moraux, politiques et juridiques qu'induit cette guerre à distance, sa *Théorie du drone* fait voler en éclats l'idée que c'est l'arme la plus éthique que l'humanité ait jamais connue.

Extraits de
Théorie du drone
Grégoire Chamayou
Éd. La Fabrique, 2013

« Alors que le kamikaze implique la fusion complète du corps du combattant avec son arme, le drone assure leur séparation radicale. Kamikaze : mon corps est une arme. Drone : mon arme est sans corps. Le premier implique la mort de l'agent. Le second l'exclut de façon absolue. »

« **Avec le concept de "guerre globale contre la terreur", la violence armée a perdu ses bornes traditionnelles : indéfinie dans le temps, elle l'est aussi dans l'espace.** »

« Les drones pétrifient. Ils produisent une terreur de masse, infligée à des populations entières. C'est cela, outre les morts et les blessés, les décombres, la colère et les deuils, l'effet d'une surveillance létale permanente : un enfermement psychique, dont le périmètre n'est plus défini par des grilles, des barrières ou des murs, mais par les cercles invisibles que tracent au-dessus des têtes les tournoiements sans fin de miradors volants. »

CONTRECHAMP

« Là réside la racine du scandale : en posant que les vies de l'ennemi sont complètement dispensables et les nôtres absolument sacrées, on introduit une inégalité radicale dans la valeur des vies, ceci en rupture avec le principe inviolable de l'égale dignité des vies humaines. »

« Le combat éclate là où se heurtent les forces. La traque, elle, se déplace là où va la proie. Dans l'esprit de l'État-chasseur, le lieu de la violence armée ne se définit plus selon les contours d'une zone délimitable, mais par la simple présence de l'ennemi-proie, qui transporte pour ainsi dire partout avec lui son petit halo mobile de zone d'hostilité personnelle. »

« Lorsque l'engin télécommandé devient machine de guerre, c'est l'ennemi, alors, qui est traité comme un matériau dangereux. On l'élimine de loin, en le regardant mourir à l'écran depuis le cocon douillet d'une *safe zone* climatisée. La guerre asymétrique se radicalise pour devenir unilatérale. Car bien sûr, on y meurt encore, mais d'un côté seulement. »

« Les partisans du drone comme arme privilégiée de "l'antiterrorisme" promettent une guerre sans perte ni défaite. Ils omettent de préciser que ce sera aussi une guerre sans victoire. Le scénario qui se profile est celui d'une violence infinie, à l'issue impossible. Paradoxe d'un pouvoir intouchable qui mène des guerres ingagnables. Vers la guerre perpétuelle… »

« Les drones armés n'épargnent pas les civils »

Ancien journaliste à la BBC, le Britannique **Chris Woods** a créé une plate-forme qui recense quotidiennement les attaques de drones armés et leurs victimes. Pour lui, la « guerre propre » est un mythe.

Comment vous est venue l'idée de créer Airwars, cette ONG qui traque les drones et met les gouvernements face à leurs responsabilités ?

En 2011, l'Otan fait savoir qu'elle mène des frappes ultraprécises grâce à des drones armés. L'Alliance atlantique, qui réunit vingt-neuf États, affirme que ce nouvel outil ne fait pas de victimes civiles. Aux États-Unis, la CIA prétend la même chose au sujet des drones qu'elle utilise au Pakistan : aucun innocent tué ! À l'époque, je suis journaliste à la BBC. Avec le datajournaliste Basil Simon, nous voulons savoir si c'est vrai. On croise les informations militaires avec celles relevées sur le terrain, notamment par les civils, pour connaître le véritable nombre de victimes. À la création d'Airwars en 2014, on étudie les frappes aériennes américaines menées en Irak. Désormais, notre équipe répertorie les attaques aériennes de trente belligérants – des pays ou des groupes qui disposent de drones armés – dans six zones cibles, comme la Libye, l'Irak et la Syrie. En six ans, nous avons révélé l'existence de plus de 50 000 victimes civiles.

Toutes victimes de drones armés ?

Il est impossible de distinguer les victimes de drones et celles tuées par des avions de chasse classiques. La Grande-Bretagne publie des chiffres vraisemblables, mais les États-Unis refusent de communiquer des données spécifiques aux drones. « 50 000 personnes tuées » est un chiffre global, qui concerne toutes les frappes aériennes depuis 2014. Mais cela nous permet de formuler une conclusion : non, les drones armés n'épargnent pas les civils.

« Des chiffres vraisemblables », dites-vous. Que savez-vous vraiment de l'utilisation des drones par l'armée britannique ?

Ce que le gouvernement veut bien nous en dire. Ils ont été très actifs en Irak et en Syrie pendant la guerre contre l'État islamique. On nous affirme qu'un tiers des tirs britanniques a été mené par des drones. Cela représente 600 ou 700 frappes depuis 2014. C'est beaucoup. Mais dire où se trouvent les drones britanniques en ce moment, ce qu'ils font exactement, je n'en ai pas la moindre idée. C'est classé secret-défense.

La première attaque de drone a eu lieu en Afghanistan quelques semaines après le 11-Septembre. C'est un tournant ?

En 2001, toutes les armées comprennent que le drone, extrêmement efficace, est une révolution. Ce n'est pas réellement

ÉCLAIRAGE

un tournant, c'est une évolution technologique. George W. Bush l'utilise modérément comparé à Barack Obama, qui multiplie par dix les attaques aériennes pendant ses deux mandats ! 563 frappes de drones visent le Pakistan, la Somalie et le Yémen, contre 57 sous la présidence de Bush. Et ce, sous couvert d'antiterrorisme… Obama a surtout recours à la voie aérienne pour réduire les opérations terrestres coûteuses. À l'époque, seuls les États-Unis, Israël et le Royaume-Uni possèdent des drones. C'est tout.

Comment l'utilisation de cette arme a-t-elle évolué depuis ?
Les années 2014-2015 marquent le début d'une nouvelle ère, que j'appelle l'ère de la « prolifération ». De très nombreux pays entrent officiellement dans la course en présentant leurs drones de combat achetés aux Américains ou aux Israéliens. La Chine devient un concurrent en matière de fabrication, suivie de la Turquie, de l'Iran, et enfin de groupes non étatiques. Les membres d'Al-Qaeda, qui jusque-là se concentraient sur le fait de repérer et de détruire les drones américains, arment des minidrones qui ne valent que quelques centaines d'euros. D'une stratégie de défense, ils passent à l'attaque. Puis c'est au tour des forces armées officielles de trouver un système pour brouiller et neutraliser ces minidrones d'Al-Qaeda ou de l'État islamique.

Au départ, est-ce qu'ils étaient considérés par les grandes puissances comme une arme low cost ?
Pas forcément. Le Reaper, le drone américain, est moins cher à l'achat qu'un avion de chasse. Mais pour l'utiliser, il faut un nombre impressionnant de techniciens, d'analystes, d'officiers de renseignements dédiés.

À Kapisa, en Afghanistan, Mounir prie sur les tombes fraîches de sa cousine et ses trois enfants tués par « *quelque chose tombé du ciel* » alors qu'ils dormaient.

VÉRONIQUE DE VIGUERIE/GETTY REPORTAGE

En définitive, je ne pense pas qu'un drone revient moins cher aux États-Unis qu'un avion piloté de l'intérieur.

Quinze ans après la Grande-Bretagne, la France a décidé à son tour d'armer ses drones. Les Reaper utilisés au Sahel pour de la surveillance vont désormais pouvoir frapper. Qu'en pensez-vous ?
L'armée française observe depuis un moment ce qu'il se passe aux États-Unis et chez son voisin britannique. Elle a longtemps tergiversé. Elle hésitait à investir. Ce qui l'a emporté, c'est l'efficacité sur le terrain. C'est une arme performante. Mais la France reste frileuse. D'un point de vue stratégique d'abord : il n'existe pas de drone européen – le premier devrait voir le jour en 2025 –, la maintenance est gérée par les Américains, et peu d'armées voient cette dépendance d'un bon œil. D'un point de vue politique ensuite : il est difficile d'assumer l'emploi d'une arme si décriée.

À la différence des drones américains, les français ne sont pas pilotés depuis une base nationale, mais depuis la zone de conflit – Niamey, au Niger.
Je trouve cette décision étonnante. Tout l'intérêt de cette arme est de pouvoir être utilisée à distance, et donc, depuis chez soi ! Mais je vous l'ai dit : l'utilisation des drones coûte cher. La Grande-Bretagne a mis des années à réunir les équipements et les experts pour mener ses opérations depuis son territoire. Ensuite, il y a un délai de quelques secondes entre le moment où l'équipage décide d'une action et celui où elle est réellement effectuée par le drone. C'est le temps de latence du signal dû aux satellites qui font le lien entre l'homme et la machine. Impossible de faire décoller et atterrir le drone à distance. Puisqu'il faut obligatoirement quelqu'un dans le théâtre d'opérations, les Français comme les Allemands se sont dit qu'il était plus simple de tout rassembler dans la zone de guerre – dans la mesure où les soldats sont en sécurité. Enfin, les pilotes disent préférer être déployés sur le terrain. Ils ne passent que trois ou six mois en opération. Ils sont vraiment « dedans », et ensuite ils rentrent chez eux. Ça facilite la distanciation. On peut aussi faire l'hypothèse que le déploiement d'hommes à distance permet une plus grande confidentialité dans les actions militaires, surtout si l'on craint la mainmise des Américains.

Quel est le cadre juridique appliqué aux drones ?
Le même que pour un avion Rafale ou un char militaire. Les gouvernements doivent obéir aux conventions de Genève, au droit international humanitaire ainsi qu'à celui des conflits. Ils sont aussi censés suivre les règles d'engagement qui définissent le cadre de l'emploi de la force armée par les soldats dans un théâtre d'opérations, et les règlements nationaux émis par le Parlement. Je ne pense pas qu'on ait besoin de lois spécifiques aux drones. Le problème, c'est quand les drones, comme toutes les autres armes, sont utilisés pour des missions d'assassinat loin des champs de bataille officiels. Des avocats vous diront que ce que font les États-Unis au Pakistan, en Somalie ou au Yémen en dehors de toute déclaration de guerre n'est pas légal. Mais les gouvernements d'Obama puis de Trump ont toujours botté en touche.

Quels sont les recours possibles pour les rescapés d'une attaque de drone ?

« Le fonctionnement de la France se rapproche de celui de la CIA, qui ne publie rien, et jamais ne confirme ou n'infirme une attaque. »

ÉCLAIRAGE

À l'hôpital de Kandahar, dans le sud de l'Afghanistan, un jeune garçon est réconforté par son frère. Il a été blessé par *« un objet tombé du ciel »* qui a explosé dans leur jardin.

Dans notre équipe, à Airwars, on pense que n'importe quel civil blessé par une frappe militaire mérite la totale reconnaissance de l'armée en cause et cela passe par une compensation financière. Cette reconnaissance des blessés est essentielle, c'est la condition *sine qua non* pour qu'une force armée s'améliore. Sinon, comment peut-elle apprendre de ses erreurs ?

La France est l'un des rares pays – avec la Russie – à ne pas communiquer le nombre de ses « victimes collatérales » lors d'un conflit.
Chez Airwars, nous sommes très en colère contre la France sur ce point. Cela fait des années que nous militons pour qu'elle soit plus transparente. Le fonctionnement de la France se rapproche parfois de celui de la CIA, qui ne publie rien, et jamais ne confirme ou n'infirme une attaque. L'utilisation des drones ne va rien changer. C'est un problème intrinsèque à l'armée française, qui demande une véritable prise de conscience.

Concrètement, que craignez-vous ?
La France est connue pour ses opérations clandestines dans les pays où il n'y a pas officiellement de guerre, comme en Libye. J'estime qu'il y a donc un risque pour que la France ait la tentation d'utiliser ses drones armés à la manière de la CIA, dans les pays qui l'arrangent.

Comment envisagez-vous l'évolution des conflits armés ?
Il suffit de regarder la Syrie. Un véritable laboratoire. Depuis un an, un nombre impressionnant de pays bombardent ce pays sans discontinuer avec des drones : États-Unis, Israël, Grande-Bretagne, Turquie, Iran… Ils sont « challengés » par des minidrones appartenant à l'État islamique, à Al-Qaeda ou au Hezbollah. En réponse, les États impliqués utilisent leurs drones comme moyen de mener des assassinats ciblés. Dans ce contexte, on peut craindre que la France détourne à son tour l'usage du drone de façon assez sale. Et totalement illégale.

PROPOS RECUEILLIS PAR AMANDA SANTOS

Lisa, l'ex-militaire lanceuse d'alerte

Après vingt ans dans l'US Air Force, elle combat aujourd'hui « une exportation de la terreur ».

Lisa Ling, 52 ans, a fait de la guerre à distance son combat. En 1991, quand elle s'engage dans l'armée, cette infirmière soigne les soldats. Mais ses compétences en informatique sont repérées : elle devient officier de communication puis membre d'un escadron lié au renseignement sur la base de Beale, de l'US Air Force, en Californie. Elle analyse des images captées par des drones. Autrement dit, elle repère les cibles à abattre. Un jour, tout bascule. Après vingt ans passés à servir l'armée, Lisa reçoit une lettre de

« C'est une chasse à l'homme menée sur fond d'images floues. »

félicitations pour avoir aidé à identifier 121 000 insurgés en deux ans. C'est l'électrochoc. Parmi ces victimes, combien d'innocents ? Elle démissionne et se rend en Afghanistan pour rencontrer les proches traumatisés, parfois mutilés, d'un clan attaqué en 2010 par des drones américains.

En septembre 2016, avec deux ex-membres du programme militaire de drones devenus eux aussi lanceurs d'alerte, elle apporte son soutien à un ingénieur yéménite, Faisal ben Ali Jaber, dont la famille a été tuée suite à un tir de Reaper. Leur combat est révélé dans le documentaire *National Bird*, de Sonia Kennebeck. Ils portent plainte contre Barack Obama et accusent l'Allemagne de complicité : la base américaine de Ramstein fournit, grâce à des signaux satellites, un soutien logistique aux pilotes de drones basés à Creech.

Lisa est retournée vivre chez sa mère près de San Francisco et a repris des études d'histoire. Elle a le sentiment d'être surveillée, sur écoute. *« Depuis Bush, il ne s'agit plus de combattre mais d'exporter la terreur,* confie-t-elle. *Ce que font les hommes à Creech ou à Beale, c'est une chasse à l'homme menée sur fond d'images floues. »*

Elle risque la prison si elle divulgue des informations trop précises. Son ami Daniel Hale, ex-analyste de l'Agence de sécurité nationale américaine (NSA), est suspecté d'avoir fourni des documents sur les drones tueurs au média en ligne The Intercept. Il risque cinquante ans de prison.

L'arme « des pauvres » ?

Le 14 septembre 2019, l'Arabie Saoudite est touchée par des frappes de drones. Deux sites pétroliers sont attaqués. Les installations flambent et, partout dans le monde, le cours du pétrole s'envole. Les attaques sont revendiquées par les rebelles yéménites houthis, engagés depuis les années 2000 dans un bras de fer contre les forces gouvernementales de leur pays soutenues par l'Arabie Saoudite. Ce n'est pas la première fois que des rebelles yéménites s'en prennent au royaume. Les autorités saoudiennes dénoncent plus de 140 tentatives d'attaques de drones en provenance du Yémen depuis 2016. 1700 kilomètres séparent pourtant les deux pays. Comment des drones peuvent-ils couvrir une telle distance ? Les houthis ont utilisé un Sammad-3, un appareil de longue portée capable de voler à 250 kilomètres/heure. Composé de matériaux non métalliques, il est indétectable par les radars antimissiles américains dont s'est dotée l'Arabie Saoudite. Les houthis possèdent également plusieurs Qatef, un drone à l'apparence de planeur. En 2018, un rapport des Nations unies atteste que certaines pièces de ce drone ont été acheminées par bateau depuis l'Iran. Ce que Téhéran, allié des houthis et ennemi de l'Arabie Saoudite, dément.

POUR ALLER PLUS LOIN

30—XXI COUVERTURE **Dans la tête d'un pilote de drone**

Un soldat de l'opération Barkhane sur la base aérienne de Niamey, où sont déployés les drones de l'armée française.

« Devenez pilote de drone pour la France ! »

« Vous avez le bac ? Prenez les commandes et devenez pilote de drone ! » En mai 2019, l'armée française a diffusé un clip de publicité pour recruter entre 80 et 100 pilotes de drones. Au programme, une première année de formation au Centre d'excellence drones de l'École de l'air, à Salon-de-Provence, puis une autre à Cognac en Charente, au sein de l'escadron de transformation opérationnel sur drone, une toute nouvelle unité.

La France a acheté ses deux premiers Reaper aux Américains en 2013. À l'époque, Jean Yves Le Drian, ministre de la Défense, précise qu'ils seront *« non armés »*. Ils sont envoyés en Afrique pour assurer des missions de reconnaissance et de surveillance dans le Sahel, où les groupes djihadistes prospèrent. Trois ans plus tard, à l'occasion de ses vœux aux armées, le ministre reconnaît *« l'efficacité »* des drones armés utilisés par les alliés sur les théâtres d'opérations.

Le virage vers l'armement s'opère en 2017. La ministre des Armées, Florence Parly, déclare à l'université d'été de la défense à Toulon que les drones armés détiennent *« la capacité du combat de demain, comme l'ont été, à leur époque, le blindé ou l'avion »*, et permettent de *« limiter le risque de dégâts collatéraux »*. L'objectif, selon la ministre, est d'assurer une *« remontée en puissance et une modernisation des armées françaises »* avec la mise en service d'un drone européen conçu avec l'Allemagne, l'Italie et l'Espagne à l'horizon 2025.

La France dispose aujourd'hui de cinq Reaper pouvant larguer des missiles, dont trois se trouvent sur la base de Niamey, au Niger. C'est le quartier général de l'opération Barkhane, lancée en 2014 dans le but de lutter contre les groupes armés jihadistes au Sahel.

Conseils de libraire
Folies d'encre, aux Lilas (Seine-Saint-Denis)

Drones
de Sylvain Runberg et Stéphane Louis
Éd. Le Lombard, 2016
Depuis sa base au Danemark, Louise, militaire et pilote de drone, tente de mettre fin aux activités d'une terroriste catholique chinoise. La guerre n'est pour elle qu'un jeu vidéo… Nous sommes en 2037.

L'Opium du ciel
de Jean-Noël Orengo
Éd. Grasset, 2017
Un drone reconstruit à partir de deux objets antinomiques (le jouet égaré d'une petite fille française et un engin américain ayant pris part à des opérations militaires au Moyen-Orient) prend la parole tout en survolant notre monde actuel. Un très beau livre où se mêlent archéologie, technologies, science-fiction et actualité.

Whiskey Tango Foxtrot
Épisode 9 de la saison 3 de *The Good Wife*, 2011
Les deux protagonistes de cette série américaine judiciaire plaident devant un tribunal militaire la cause d'une femme accusée d'avoir tué douze civils en Afghanistan en pilotant une attaque de drones. La métaphore d'une guerre déshumanisée.

/ À LIRE, À VOIR

2 — COUVERTURE

Dans la tête d'un pilote de drone

L'ARMÉE FRANÇAISE SE LANCE DANS LA GUERRE À DISTANCE.
Par Marion Touboul

34 — AUTOPORTRAIT

36 — SUR ZONE

38 — OBJECTIF TERRE

44 — ## La star, les papys et les bijoux

DES VIEUX BRAQUEURS DÉTROUSSENT LA STARLETTE KIM KARDASHIAN.
Par Patricia Tourancheau

60 — LE CARNET

Mon inconnu

SEIZE CORPS POUR QUINZE NOMS. QUI EST CET ANONYME TUÉ PAR LES NAZIS ?
Par Olivier Bertrand et Sara Quod

p. 82

p. 118

p. 146

p. 44

p. 164

p. 60

p. 98

82 — ## Un espion à la maison

EN CHINE, UN MILLION DE « CAMARADES » SURVEILLENT LES OUÏGHOURS JUSQUE DANS LEUR CUISINE.
Par Darren Byler

98 — PORTFOLIO

La conquête du Nord

C'EST LA DERNIÈRE FRONTIÈRE. DANS L'ARCTIQUE S'ORGANISE UNE NOUVELLE GUERRE FROIDE.
Photos de Louie Palu

118 — ## Retour chez les fous

QUARANTE ANS APRÈS, ELLE EST REVENUE DANS LA CLINIQUE PSYCHIATRIQUE OÙ ELLE A GRANDI.
Par Haydée Sabéran

138 — LES JOURS D'APRÈS

« Je ne veux plus être complice »

L'ENGAGEMENT D'UN RELIGIEUX MUSULMAN APRÈS L'ASSASSINAT DE SON FILS HOMOSEXUEL.
Par Hassan Jarfi

144 — LE POUVOIR DES LIVRES

SOMMAIRE XXI N°49

DANS L'INTIMITÉ DU XXIᵉ SIÈCLE

146 — Sauver ce monde de merde

BACTÉRIES, VIRUS, PARASITES : LE CACA TUE. BILL GATES A DÉCIDÉ DE RÉVOLUTIONNER LES TOILETTES.

Par Arnaud Robert

164 — BANDE DESSINÉE

Terminus Liban

LES FRONTIÈRES SONT FERMÉES. LE LIBAN EST DEVENU UNE ENCLAVE, LE PAYS DES VOYAGES IMPOSSIBLES.

Par Zeina Abirached

190 — LA VIE DE XXI

192 — RENCONTRE

« C'est la littérature qui est engagée, pas l'écrivain »

CENSURÉ, ALAA EL-ASWANY ÉCRIT EN EXIL, LOIN DU DRAME ÉGYPTIEN.

Propos recueillis par Léna Mauger

206 — À VOIX HAUTE

Le voici entre vos mains, ce « nouveau *XXI* ».

Vous ignorez nos nuits blanches, et c'est tant mieux. Ne compte que cet objet de papier, vivant et coloré. La revue avait 12 ans, et en pleine crise d'adolescence, elle réclamait sa mue. Entre vous et nous, il fallait raviver la curiosité et l'étonnement. Inventer de nouveaux langages graphiques, mettre la photo en majesté, varier les tons, mêler le grave et l'humour.

Bien sûr, c'est toujours *XXI*. Il y a de l'intime dans nos pages, des récits à hauteur d'humains. De la chair, des odeurs, des élans, du plaisir, des colères. Cette collection d'histoires vraies, nous la voulons solide, ancrée, témoin de son époque. Le siècle est tourmenté. Donnons-lui du sens. Regarder l'humain, c'est aussi raconter son horizon, ses quêtes et ses tempêtes.

En embarquant pour la base de Creech, dans le Nevada, dans la tête de militaires français qui apprennent à piloter nos premiers drones armés, nous ouvrons un débat. Le Sénat l'avait recommandé en 2017, il n'a jamais eu lieu. À partir de cette année, l'armée tuera à distance, elle effacera des vies depuis des box métalliques, sans que les Français aient été consultés. Un ami de papier ne vous dit pas quoi penser. Il éclaire le monde tel qu'il est. Pour quelques heures, quelques semaines, partageons l'intimité du siècle.

LÉNA MAUGER ET MARION QUILLARD

« Nous n'avons pas de limites. Nous pouvons virtuellement proposer tous les produits qui existent parce que nous échappons aux contraintes du monde physique. »

FÉVRIER 2000 INTERVIEW À *PLAYBOY*

« Il est payant de se montrer humble et paranoïaque à la fois. »

MARS 1998 CONFÉRENCE SUR L'ENTREPRENEURIAT ORGANISÉE PAR LA FONDATION A. B. DICK

« Débourser 30 dollars pour un livre, c'est excessif. »

DÉCEMBRE 2014 INTERVIEW À *BUSINESS INSIDER*

« Internet est en train d'ébranler toute l'industrie des médias… On peut s'en plaindre mais se plaindre ne constitue pas une stratégie. Amazon n'impose pas sa loi. C'est le futur qui impose sa loi au commerce du livre. »

DÉCEMBRE 2013 DANS L'ÉMISSION *60 MINUTES* DE CBS NEWS

34—XXI **AUTOPORTRAIT**
SES MOTS POUR LE DIRE

« Nous versons des salaires très modestes par rapport à la plupart des entreprises. Nous n'offrons pas non plus d'incitations financières de quelque ordre que ce soit. Ce serait nuisible au travail d'équipe. »

NOVEMBRE 2012 PROPOS RAPPORTÉ PAR *FORTUNE*

« L'humanité n'aura pas d'autre choix que de bâtir une véritable civilisation de l'espace. »

JUIN 2016 À UNE CONFÉRENCE DE L'ASTRONAUTE JOHN H. GLENN

« Je ne rachèterai jamais une entreprise de biscuits apéritifs en perte de vitesse. Cela n'aurait aucun sens. Mais le *Washington Post* est quelque chose qui compte vraiment. »

OCTOBRE 2016 AU SUJET DU RACHAT DU *WASHINGTON POST*, EN 2013, POUR 420 MILLIONS DE DOLLARS, DANS *THE CHARLIE ROSE SHOW* SUR PBS

« Je suis parfaitement à l'aise avec les approches et les comportements d'Amazon, s'agissant notamment de la manière dont nous payons nos impôts. Nos positions politiques se concentrent sur l'intérêt de l'entreprise, et je les trouve cohérentes. »

MAI 2016 LORS D'UN ENTRETIEN PUBLIC ORGANISÉ PAR LE *WASHINGTON POST*

« J'ai observé que toutes les réussites fulgurantes prennent environ dix ans. »

MAI 2017 AU GALA DE CHARITÉ DE L'INTERNET ASSOCIATION

JEFF BEZOS

Entrepreneur américain, fondateur et PDG d'Amazon

1964 naissance à Albuquerque, Nouveau-Mexique. L'époux de sa mère, Miguel Bezos, l'adoptera quatre ans plus tard

1982 entrée à l'université Princeton

1993 mariage avec MacKenzie Tuttle

1995 lancement officiel d'Amazon, dans le garage du domicile des Bezos

1997 introduction en Bourse d'Amazon

2000 création de Blue Origin dans le but de démocratiser l'accès à l'espace

2005 lancement d'Amazon Prime, une souscription payante proposant films, séries, musique et livraisons rapides à domicile

2019 séparation d'avec MacKenzie Tuttle, qui détient 25 % des parts d'Amazon

« Le pire du consumérisme consiste à faire acheter aux gens des produits qui n'améliorent pas réellement leur vie. »

MARS 1999 INTERVIEW À *WIRED*

Illustration Christopher Evans HIVER 2020 —XXI—**35**

Le barrage de la discorde

Par Benjamin Adam

Ce sera, annonce l'Éthiopie, le plus grand barrage d'Afrique. Appelé « Renaissance », ce projet titanesque, lancé en 2011, permettra de produire l'équivalent en électricité de six centrales nucléaires. Situé à 800 kilomètres de la capitale, Addis-Abeba, il n'est pas du goût du voisin égyptien, dont 90 % des approvisionnements en eau viennent du Nil. L'Éthiopie profite du printemps arabe et du chaos chez ses voisins pour accélérer sa construction. L'Égypte râle et invoque les grandes sécheresses qui la toucheront. Le Soudan, également situé sur le cours du Nil, a choisi, lui, de soutenir l'Éthiopie, en échange d'un accès privilégié à l'énergie produite par le barrage.

La prochaine guerre de l'eau
L'Éthiopie veut rapidement remplir le bassin pour produire de l'électricité dès décembre 2020 et rembourser ses investissements. L'Égypte affirme que si Addis-Abeba va au bout de son projet, Le Caire sera asséché. « *Aucune force ne pourrait nous empêcher de finir le barrage*, a déclaré le Premier ministre éthiopien Abiy Ahmed en octobre dernier, juste après avoir reçu le prix Nobel de la paix. *Si nous devons entrer en guerre, nous pourrons mobiliser des millions de personnes.* »

Un cadavre dans le pick-up
Le chef du projet Renaissance, l'ingénieur éthiopien Simegnew Bekele, est retrouvé assassiné à l'été 2018 à Addis-Abeba : tué par balle, dans un véhicule semblable à celui-ci. Malgré les rumeurs d'assassinat et d'implication mafieuse, la police conclut à un suicide.

Des populations déplacées
Dès 2011, l'ONG Human Rights Watch constate que les autorités éthiopiennes expulsent les tribus de la vallée de l'Omo pour transformer leurs terres en plantations agricoles. Le remplissage du bassin va immerger 1 680 kilomètres carrés de terres, faire disparaître la biodiversité du site, et mettre en danger 200 000 nomades qui sillonnent la région.

SUR ZONE
ZOOM SUR UN LIEU EN TENSION

Développer le pays

L'Éthiopie, 108 millions d'habitants, ne compte que 3 % de surfaces agricoles, par manque de terres irriguées. Les besoins en électricité du pays augmentent de 30 % par an, en raison d'une croissance record. Actuellement l'Éthiopie en importe. Avec le barrage, elle pourra en exporter.

Un financement 100 % éthiopien

Le gouvernement ne s'est pas plié aux études d'impact. Résultat : les bailleurs de fonds internationaux ont refusé de participer au financement du barrage. L'Éthiopie s'est lancée seule. Contributions spéciales des fonctionnaires, émissions de bons, diminution des salaires… Presque tous les citoyens ont participé. Souvent sans le désirer vraiment.

Impossible débat

La croissance en 2019 devait atteindre 9,2 %. L'optimisme est de rigueur, mais les opposants sont muselés ou éliminés, et les violences ethniques et religieuses atteignent un niveau sans précédent. Les écarts de revenus sont énormes. Le revers de la « renaissance » éthiopienne ?

L'ouragan Dorian atteint la catégorie 5, la plus haute, au moment où il traverse les Bahamas. Pendant trente heures, ses vents à près de 300 kilomètres/heure dévastent l'archipel. Bilan toujours provisoire : au moins 65 morts, 282 disparus, des milliers de sinistrés et plus de 7 milliards de dollars de dégâts matériels.

L'Amazonie part en fumée

1284 départs de feu sont enregistrés en une seule journée. En août et septembre, plus de 90 000 incendies ont été comptabilisés dans le poumon de l'humanité, dont 3 700 kilomètres carrés ont brûlé, l'équivalent de la moitié de la Corse. C'est 84 % de plus qu'à la même période en 2018, selon l'Institut national pour la recherche spatiale, qui publie chaque année les chiffres de la déforestation au Brésil. Ces feux mettent à mal un écosystème unique et bouleversent le climat, en dégageant du CO_2. La revue *Nature* alertait en juillet sur le fait que les forêts tropicales ne jouent plus leur rôle de capteur et deviennent même neutres en émissions de carbone.

En Australie, 2 500 kilomètres carrés ont brûlé. Mille pompiers, deux morts : les autorités parlent d'un **« combat herculéen ».** L'habituelle saison des incendies a commencé plus tôt que d'habitude. En cause : la sécheresse et des températures élevées.

Le sud-est de l'Espagne est touché par les pires orages depuis cent quarante ans. Dans la région de Murcie, le fleuve Segura sort de son lit. En deux jours, les **pluies torrentielles** font six morts, des milliers de déplacés et détruisent plus de 350 000 hectares de cultures.

LA TERRE SE RÉCHAUFFE

Septembre	1	2	3	4	5	6	7	8	9	10	11	12	13	14	15

QUE FAISONS-NOUS ?

Après des fuites dans la presse, l'entreprise française Orano (ex-Areva) confirme qu'elle va raser une forêt protégée du Kazakhstan pour exploiter un **gisement d'uranium.** Le ministre de l'Économie, Bruno Le Maire, a négocié ce permis en juillet, lors d'une visite dans ce pays d'Asie centrale stratégique pour l'industrie nucléaire hexagonale.

Monsanto Papers

Près de 1 500 personnes ont été fichées par Monsanto en fonction de leurs positions sur les pesticides et les OGM, dans le cadre de sa campagne pour obtenir le renouvellement de l'autorisation du glyphosate par l'Union européenne. C'est ce que confirme un rapport commandé par le géant de l'agrochimie Bayer sur sa filiale Monsanto.

Des scientifiques obtiennent *in vitro* **deux embryons de rhinocéros blancs du Nord,** une espèce dont il ne reste que deux femelles au Kenya. Le dernier mâle, Sudan, est mort en 2018. Ils seront implantés dans deux « mères porteuses » d'une espèce proche. Et permettront peut-être à l'espèce de perdurer.

Le Danemark récolte 2,4 millions d'euros lors du premier **« Téléthon du climat »** au monde. La somme permettra notamment de planter près d'un million d'arbres.

38—XXI **OBJECTIF TERRE**
TROIS MOIS DE COHABITATION ENTRE LA PLANÈTE ET LES HOMMES

+ 7° C en 2100

Les projections sur le réchauffement climatique s'aggravent, selon les experts français du Programme de recherche mondiale sur le climat, qui prévoient des conséquences désastreuses sur les espèces et les écosystèmes. Leurs conclusions serviront de référence au prochain rapport du Giec.

Adieu merles et passereaux ? Une étude du Centre de recherches national de la faune du Canada et de l'American Bird Conservancy, publiée dans la revue *Science*, révèle qu'en cinquante ans près de **3 milliards d'oiseaux** ont disparu aux États-Unis. Elle note une perte massive de biodiversité et un déclin plus qu'inquiétant pour certaines espèces : chez les hirondelles, il atteint 90 % depuis 1970.

2,3 millions

d'animaux sont morts en Bolivie. Tortues, jaguars, ocelots, lamas… ont péri dans des incendies ravageurs, qui ont aussi détruit de façon irréversible une forêt primaire endémique.

42 % des 454 espèces d'arbres européens sont **menacées d'extinction,** alerte l'Union pour la conservation de la nature. Les marronniers et certains lauriers font partie des espèces les plus en péril.

16 | 17 | 18 | 19 | 20 | 21 | 22 | 23 | 24 | 25 | 26 | 27 | 28 | 29 | 30

4 millions de personnes manifestent pour le climat. **C'est la plus grande mobilisation** jamais enregistrée : 5 800 actions dans 163 pays, 73 syndicats, 820 associations de la société civile, 3 024 entreprises engagées, selon l'ONG internationale 350.org

En plein sommet pour le climat, **Total** augmente les dividendes de ses actionnaires. Le but est d'accroître leur montant de 5 % à 6 % par an, contre 3 % aujourd'hui, explique le géant français du pétrole et du gaz.

« Comment osez-vous continuer de dire que vous faites assez ? Vous avez volé mes rêves et mon enfance. »

Greta Thunberg, *16 ans, au sommet des Nations unies sur le climat. À ce sommet, les plus grands pollueurs refusent de prendre des mesures. Seuls 66 pays, essentiellement en développement et pesant pour 6,8 % des émissions, s'engagent à muscler leurs efforts d'ici à 2020.*

Moteur, action !

En Allemagne, quatre ans après le Dieselgate, un demi-million de clients demandent réparation à Volkswagen. La marque avait truqué ses moteurs diesel pour les faire paraître moins polluants. Quelques semaines plus tard, une action collective similaire a été autorisée au Québec par la Cour suprême du Canada. L'Association québécoise de lutte contre la pollution atmosphérique demande 35 dollars canadiens de réparation pour chacun des 8,3 millions de résidents de la province qui ont inhalé de l'air pollué. Une action au coût potentiel de 205 millions d'euros pour la marque.

5000 morts

La saison des pluies a été particulièrement meurtrière cette année. Inde, Pakistan, Népal, Birmanie, Bangladesh... La mousson, en temps normal largement terminée à cette période, a provoqué des inondations sans précédent.

Ils étouffent

Trois tonnes de poissons morts sont retirées des plages de la Mar Menor, immense lagune salée du sud-est de l'Espagne. Ils ont été privés d'oxygène dans une eau polluée par les rejets de l'agriculture intensive.

Des coraux se sont à nouveau formés en Méditerranée au large des îles espagnoles de Columbretes après avoir été tués par une vague de chaleur. La découverte offre une lueur d'espoir pour les **barrières de corail** décimées par le changement climatique.

Au moins 70 morts, 204 blessés et 15 disparus : le Japon est confronté au **typhon Hagibis,** le plus puissant à toucher l'archipel depuis soixante ans. Cinquante rivières sortent de leur lit et, par endroits, un mètre de pluie tombe en quarante-huit heures.

LA TERRE SE RÉCHAUFFE

| Octobre | 1 | 2 | 3 | 4 | 5 | 6 | 7 | 8 | 9 | 10 | 11 | 12 | 13 | 14 | 15 |

QUE FAISONS-NOUS ?

L'Indonésie annule la fermeture de **l'île de Komodo** au tourisme. En juillet 2019, les autorités avaient annoncé qu'elle serait interdite aux touristes pour les empêcher de gêner le comportement des dragons de Komodo, une espèce de lézards géants. Retour à la case départ.

L'entreprise israélienne Aleph Farm annonce avoir cultivé de **la viande dans l'espace** à base de cellules souches et à plus de 300 kilomètres de la Terre. Un pas de plus vers la recherche d'un plan B pour les humains ?

Pollueurs majeurs

Vingt compagnies pétrolières ou gazières, dont douze entreprises d'État, sont responsables de 35 % des émissions de gaz à effet de serre, rapporte Climate Accountability Institute. Depuis 1965, elles ont participé collectivement à la production de 480 milliards de tonnes de dioxyde de carbone et de méthane, a calculé l'ONG. Les compagnies détenues par les États – telles que la russe Gazprom, la brésilienne Petrobras ou PetroChina – sont responsables d'un cinquième des émissions mondiales. En tête, la saoudienne Aramco. L'entreprise française Total arrive en 17e position de ce triste classement, avec 12,35 milliards de tonnes de gaz à effet de serre émises en un demi-siècle.

14 % de la **nourriture est perdue** avant d'atteindre les étals, révèle une étude de l'Organisation des Nations unies pour l'agriculture et l'alimentation (FAO).

40—XXI **OBJECTIF TERRE** TROIS MOIS DE COHABITATION ENTRE LA PLANÈTE ET LES HOMMES

Montée des eaux

Favorisé par des **chaleurs inhabituelles** pour la saison et des sols desséchés, une centaine d'incendies ravagent le Liban, faisant un mort dans la région du Chouf et deux dans la Syrie voisine.

En 2050, 300 millions de personnes devraient subir au moins une inondation côtière par an, dont un million en France métropolitaine, selon les prévisions revues à la hausse de Climate Central. Dans leurs précédentes estimations, les experts de l'organisation calculaient que l'élévation du niveau de la mer allait toucher environ 80 millions d'humains, près de quatre fois moins. Sur la carte illustrant les inondations potentielles, la moitié des Pays-Bas, Venise ou Bangkok se trouvent sous les eaux. Ces prévisions seront-elles encore revues à la hausse ? Leur calcul repose sur des projections tablant sur une réduction des émissions de gaz à effet de serre conforme aux Accords de Paris. Un objectif dont la réalisation semble chaque jour plus compromise.

L'Arctique libère désormais plus de carbone qu'elle n'en absorbe. Cette vaste région se réchauffe trois fois plus vite que le reste du monde. La fonte du pergélisol (permafrost) contribue désormais au changement climatique.

Les dauphins roses d'Amazonie présentent des niveaux inquiétants de **contamination au mercure,** dénoncent plusieurs ONG. La substance a également été retrouvée dans des poissons du fleuve, menaçant potentiellement la santé de 20 millions d'habitants qui en consomment.

16 17 18 19 20 21 22 23 24 25 26 27 28 29 30 31

« Le changement climatique ne sera pas au programme. »

Mick Mulvaney, *chef de cabinet de Donald Trump, au sujet du prochain sommet du G7 qui se tiendra en juin aux États-Unis.*

La mode des SUV plombe les efforts affichés par les industriels contre la pollution. Entre 2010 et 2018, les ventes de ce croisement entre 4×4 et monospace ont fait exploser les émissions de CO_2 du secteur automobile. C'est la plus forte augmentation après celui de l'énergie.

La Cour de justice de l'Union européenne estime qu'en France **le seuil limite de dioxyde d'azote** a été dépassé *« de manière systématique et persistante »* depuis 2010. Ce gaz polluant issu des moteurs diesel serait responsable de 68 000 morts prématurées chaque année en Europe.

La Thaïlande, un des plus gros consommateurs de **pesticides** au monde, décide d'interdire le glyphosate, le chlorpyrifos et le paraquat. Seul ce dernier, un herbicide, est interdit dans l'UE depuis 2007.

Bon vent

L'éolien offshore pourrait répondre au besoin mondial en électricité, estime un rapport de l'Agence internationale de l'énergie. Il ne représente pour l'instant que 0,3 % de la production mondiale.

HIVER 2020 —XXI—**41**

2500 kilomètres de plages et de mangroves

du Nordeste brésilien sont touchés depuis septembre par une fuite d'hydrocarbures d'origine inconnue. 112 villes de dix États sont souillées par des galettes de pétrole brut.

Enfance en danger

« Un enfant qui naît aujourd'hui vivra dans un monde plus chaud de 4 degrés en moyenne qu'à l'époque préindustrielle, ce qui affectera sa santé, de sa naissance au grand âge. » Dans son rapport annuel sur le changement climatique, *The Lancet* livre des conclusions glaçantes : altération des fonctions pulmonaires dues à la pollution, asthme, hausse des risques d'accident cardiaque ou vasculaire cérébral, mais aussi malnutrition et exposition aux épidémies... *« Sans une action immédiate de tous les pays pour réduire les émissions de gaz à effet de serre, les gains actuels en matière de bien-être et d'espérance de vie sont compromis »,* alerte le docteur Nick Watts, coauteur du rapport.

New Delhi suffoque. La pollution de l'air forme un épais brouillard dans la capitale indienne, avec une concentration de particules fines 32 fois supérieure aux recommandations. Les avions sont déroutés, les écoles fermées, les travaux de BTP suspendus.

On croyait l'espèce éteinte depuis une trentaine d'années. Des chevrotains à dos d'argent, un ruminant de la taille d'un lapin, ont été vus au Viêtnam, se réjouit l'organisation Global Wildlife Conservation. Le dernier spécimen de celui qu'on appelle le « cerf-souris » avait été aperçu en 1990.

LA TERRE SE RÉCHAUFFE

| Novembre | 1 | 2 | 3 | 4 | 5 | 6 | 7 | 8 | 9 | 10 | 11 | 12 | 13 | 14 | 15 |

QUE FAISONS-NOUS ?

Paulo Paulino Guajajara est assassiné par des trafiquants de bois. Cet Indien de 26 ans militait aux **Gardiens de la forêt,** une ONG brésilienne qui lutte contre les coupes illégales et défend un territoire de 413 000 hectares dans le nord-est du pays. C'est le cinquième gardien tué en trois ans.

Accord et désaccord

Les États-Unis engagent officiellement leur retrait des accords de 2015, qui visent à contenir la hausse de la température mondiale en dessous de 2°C par rapport à l'ère préindustrielle.

L'Italie devient le premier pays au monde à faire du changement climatique une **matière obligatoire** à l'école. Dès l'année prochaine, tous les établissements publics devront consacrer une heure chaque semaine à l'enseignement du développement durable.

Un projet de sanctuaire marin d'un million de kilomètres carrés en Antarctique est rejeté pour la huitième fois. **Chinois et Russes,** inquiets pour leur droit de pêche dans les océans austraux, bloquent la création de zones marines protégées dans la région.

« Les Italiens sont la risée du monde, avec leur projet pharaonique et jamais achevé. »

L'écrivain Roberto Ferruci, *au sujet du projet de vannes mobiles censées protéger Venise. Lancé en 2003, il n'a jamais vu le jour. Une marée haute de près de 1,90 m, la plus importante depuis cinquante-trois ans, submerge la Cité des Doges et fait deux morts.*

42—XXI **OBJECTIF TERRE** TROIS MOIS DE COHABITATION ENTRE LA PLANÈTE ET LES HOMMES

En Somalie, les inondations ont fait au moins 17 morts et 370 000 déplacés en un mois, estiment les Nations unies. Les fermiers s'attendent aux **pires récoltes** depuis des décennies. De l'Éthiopie au Kenya, les inondations ont affecté plus de 2,5 millions de personnes en Afrique de l'Est depuis juillet.

99,8 % des espèces menacées aux États-Unis ne s'adapteront probablement pas au changement climatique, selon une étude publiée par *Nature Climate Change*. Amphibiens, mollusques, mais aussi mammifères (la panthère de Floride) ou rapaces (le condor de Californie) souffriront de la pollution, de la perte de leur habitat ou de l'arrivée d'espèces invasives déplacées par la hausse des températures.

Pollution sonore

On la sait nocive pour l'homme, elle affecte aussi la vie sauvage. Des chercheurs de l'université de Belfast affirment qu'une myriade d'animaux souffrent du bruit généré par les activités humaines. Il gêne leur communication, modifie le taux de certaines hormones et affecte leur capacité à trouver de la nourriture.

3 % **d'électricité en moins générée à partir de charbon.** C'est le constat de l'organisation Carbon Brief, spécialisée dans l'analyse des données du secteur de l'énergie. Ce ralentissement marque la fin de décennies de hausse. Si le déclin est notable en Europe et aux États-Unis, la Chine multiplie de son côté les projets de centrales.

16 17 18 19 20 21 22 23 24 25 26 27 28 29 30

Priorité de notre époque

La Banque européenne d'investissement annonce qu'elle ne financera plus les projets énergétiques ayant trait aux énergies fossiles à partir de 2022. *« Le climat figure au premier rang des priorités politiques de notre époque »*, justifie son président, Werner Hoyer. Les futurs financements de la plus grande banque publique internationale devraient désormais encourager les énergies renouvelables. Elle promet de *« mobiliser 1 000 milliards d'euros pour l'action en faveur du climat et la durabilité environnementale »* au cours de la prochaine décennie. Avec cette décision, le bras financier de l'Union européenne entend devenir la première *« banque du climat »* au monde.

Le dictionnaire Oxford déclare « urgence climatique » mot de l'année 2019. Sa définition : *« Une situation dans laquelle une action urgente est requise pour réduire ou arrêter le changement climatique afin d'éviter des dommages irréversibles pour l'environnement. »*

« À quoi bon être une puissance mondiale ? »

Le juge Arun Mishra, *à propos des records de pollution qui frappent l'Inde. Alors que la Cour suprême du pays a estimé que les autorités devront dédommager les citoyens si elles échouent à leur fournir de l'eau et de l'air d'une qualité correcte, le magistrat déclare qu'il faudrait « finir les citoyens des zones les plus affectées à l'explosif », plutôt que de les abandonner à une mort lente et douloureuse causée par des maladies liées à la pollution, comme le cancer.*

La star, les papys, et les bijoux

AVEC SON ÉQUIPE DE PAPYS BRAQUEURS, OMAR LE VIEUX A DÉTROUSSÉ LA STARLETTE KIM KARDASHIAN DE PASSAGE À PARIS POUR LA « FASHION WEEK ». BUTIN : 9 MILLIONS D'EUROS. MAIS AVEC LA VIDÉOSURVEILLANCE ET LES TRACES ADN, PAS FACILE DE GARDER LE MAGOT.

Par Patricia Tourancheau — Illustrations Rocco

Avec :

Aomar Aït Khedache
dit Omar le Vieux, 63 ans
Braqueur de banques reconverti dans le trafic de stups et les casses de bijoux. En fuite pendant sept ans, il est suspecté d'avoir décroché le tuyau, organisé le coup, recruté l'équipe – notamment son fils, Harminy, comme chauffeur – et agressé Kim Kardashian.

Christiane Glotin
pseudo Cathy, 73 ans
Maîtresse d'Omar le Vieux, deux fois veuve de voyous, cette femme du mitan, déjà condamnée à huit ans de prison pour trafic de stups avec son ancien mari, dément avec vigueur avoir assuré « le secrétariat criminel » de son compagnon et la logistique du casse.

Didier Dubreucq
alias Yeux bleus, 64 ans
Condamné deux fois aux assises, il a tiré vingt-trois ans de taule, dont six pour importation de coke colombienne via l'avion d'un prince saoudien. Réputé solide dans le milieu, Yeux bleus nie être le second braqueur des bijoux de Kim Kardashian.

es temps sont durs pour Aomar Aït Khedache, alias Omar le Vieux, qui vient d'atteindre les 60 berges en ce printemps 2016. De plus en plus bigleux, le voilà chaussé de lunettes aux verres cul-de-bouteille. Ses oreilles bourdonnent, ses tifs dégringolent et ses lombaires sont en vrac. Des années de taule pour vols à main armée et six piges en cavale, ça use son homme. En 2010, afin d'échapper à cinq ans de placard pour un commerce de cannabis, Omar le Vieux a pris la tangente sans attendre le jugement. Le passe-muraille se camoufle depuis sous le blaze de Pascal Larbi, piqué à l'un des employés de sa brasserie en Seine-et-Marne. Disons qu'il a emprunté à son serveur sa carte d'identité pour se fabriquer un jeu de faux papiers avec sa photo à lui dessus.

Hélas, la clandestinité, ça coûte cher ! Certes, Omar le Vieux n'est pas complètement dans la dèche car, cuistot de formation, il a été « boulot » dans la restauration et garde toujours un peu d'oseille au frais, mais pas de quoi se louer une turne. Bien sûr, il n'est pas à la cloche car sa maîtresse blonde, « Cathy », veuve de voyou qui porte beau ses 70 printemps, l'héberge sous son toit à Charenton-le-Pont. Mais il en a marre, Omar, de vivre à ses crochets et de la voir s'inquiéter. Malgré les précautions prises par son homme, qui a toute une quincaillerie de téléphones, genre une ligne par poto, Cathy se fait du mauvais sang. Omar le Vieux, qui l'a sans arrêt sur le paletot, compte bien s'en affranchir.

En quête d'un plan pour se refaire, à la fin d'un mois de mai pluvieux et chagrin, ce voleur sans retraite traîne donc dans les bistrots à Paris pour « *voir des amis* » et pousse jusqu'à un bar à cocktails du Marais, dans le 3e arrondissement. Il fricote un peu avec le tenancier, Florus, 44 ans, un licencié en sociologie reconverti dans la limonade et la truanderie, connu de la police pour « *trafic de stups, violences, délits routiers*

Yunice Abbas
le guetteur cardiaque, 66 ans
Mécano au black, diabétique et cardiaque, cet ex-voleur à main armée, détenu douze ans pour un gros trafic de drogue, a accepté de monter la garde à l'hôtel pendant le vol pour payer ses toubibs.

Pierre Bouianere
ou le Gros Pierrot, 75 ans
Ex-bistrotier place Clichy à Paris, braqueur sur la Côte d'Azur, plagiste à Saint-Tropez puis trafiquant de cannabis, le doyen de la bande passe ses vieux jours à Grasse et aurait repris du service pour assurer les arrières d'Omar le Vieux, ce qu'il dément.

Marceau Baum-Gertner
alias Nez râpé, 61 ans
Officiellement forain sur les marchés, ce receleur manouche a été mouillé dans des affaires de fausse monnaie et connaît les filières d'or et de diamants en Belgique. Il a fait plusieurs voyages à Anvers pour écouler les bijoux de Kim Kardashian, dont un avec Omar le Vieux et Cathy.

Kimberly Kardashian
la victime, 39 ans
Née à Los Angeles, la star de télé-réalité américaine est devenue célèbre grâce à l'émission *L'Incroyable Famille Kardashian*. En 2014, elle a épousé le rappeur Kanye West. Sa fortune est évaluée à 350 millions de dollars, ce qui la place au 54ᵉ rang des personnes les plus riches au monde.

et une bagarre», sans plus. Omar le Vieux sait que Flo n'est pas un saint et qu'il ne manque ni d'entregent ni de relations. En l'occurrence, c'est dans ce repaire plutôt chic de la rue de Bretagne que le Vieux rencontre un pote de Flo, pilier de comptoir, qui connaît les habitudes des people : Gary M., beau gosse de 27 ans sapé comme un prince, accueille des stars du show-biz à l'aéroport et les guide parfois à Paris pour la société de VTC de son frère Michaël, chauffeur privé de VIP.

Comment Omar le Vieux découvre les bijoux sur Internet

Attablé au fond du troquet, Omar le Vieux récupère ainsi un tuyau en or : *« la femme d'une célébrité, un rappeur américain »*, se trimbale avec tous ses bijoux lorsqu'elle vient à Paname. Il a beau être dur de la feuille, ce n'est pas tombé dans l'oreille d'un sourd. Il ne retient pas le nom de Kim Kardashian, pas plus que celui de son mari Kanye West. En tout cas, la gonzesse et le mec sont pleins aux as. Et d'ailleurs, *« tout est sur Internet, même les horaires quand elle vient en France »*. Sans donner de noms, car le Vieux n'est pas une poucave, il racontera aux flics que le fournisseur de *« renseignements très précis »* sur la people américaine l'a *« emmené dans un magasin de téléphones, avec les autres personnes »* pressenties pour le casse, puis s'est connecté sur Internet. Agglutinés autour de l'ordinateur, les truands n'en croient pas leurs yeux : *« On est tous là, autour, à décortiquer la situation, à regarder les bijoux. »* On lui montre les photos de la belle brune au décolleté plongeant, minirobes et talons aiguilles, qui pose avec des colliers, bracelets, boucles d'oreilles et tocantes, parfois même des râteliers décoratifs en or et diamant pour briller du sourire. Une véritable joncaillerie ambulante ! Et ce n'est pas du toc. L'épouse du rappeur américain dit elle-même qu'elle *« ne porte pas de faux bijoux »*. Parmi ces joyaux, la pièce qui en met plein les mirettes à Omar and Co., c'est la bagouze surmontée d'une pierre blanche qui scintille à son annulaire droit et fait miroiter un paquet de biftons. Sur sa bague de fiançailles offerte par Kanye West en 2013 trône un diamant de 18,88 carats qui pèse 4 millions de dollars.

Omar le vieux briscard est « *très emballé* » par ce coup facile à monter qui peut rapporter gros. Pas besoin d'artillerie lourde ni d'excès de violence, comme pour attaquer une banque ou un fourgon : « *Ce n'est pas un braquo, quoi.* » Avec les « *très proches* » de la bourgeoise et les infos divulguées par la fille sur Internet, le bandit et sa clique seront bien rencardés, ce qui économise des repérages à n'en plus finir. Le Vieux s'en va quand même zieuter l'appart-hôtel où la richissime a l'habitude de crécher vers la Madeleine, un palace incognito baptisé le No Address, qui accueille DiCaprio, De Niro ou Madonna dans des appartements de rêve de 100 à 300 mètres carrés, au fond d'une cour au 7, rue Tronchet.

Quand Omar achète des vélos sur Le Bon Coin

Lors d'une rencontre secrète au sommet pour échafauder le plan, on décide qu'il faut cinq bonshommes dans l'équipe, et circuler à bicyclette pour passer inaperçu. Certains refusent. Deux gros iront donc à pinces et trois sportifs en bécane. Omar achète trois vélos sur Le Bon Coin. Chacun apportera son gilet de sécurité fluo, ses gants et sa cagoule. Tout se précipite quand l'informateur, le pilier de comptoir, annonce la venue à Paris le 13 juin de « *la femme du rappeur* » pour un *shooting* de Karl Lagerfeld.

Ce jour-là, à 10 h 30, Gary réceptionne Kim Kardashian à l'aéroport de Roissy et l'amène jusqu'à la Mercedes noire classe V de son frère Michaël qui prend le relais. À sa descente d'avion, la star de la télé-réalité se montre très « *enthousiaste de voir le visage familier* » de Gary : « *On le connaissait tellement bien.* » Vraiment, Michaël et Gary sont « *si gentils, si chaleureux, si calmes* », et de toute « *confiance* ». L'agence de voyages de Kim Kardashian à Los Angeles travaille depuis quatre ans avec la société de VTC de Michaël pour la piloter à Paris avec son staff. Les frères ont organisé son mariage avec Kanye West en mai 2014 à Versailles et à Florence. Un juteux contrat qui taquine les 400 000 euros pour Michaël. En revanche, Gary est en panne de liquidités depuis avril 2016 car son frère l'a mis sur la touche. Pas fiable sur les horaires ni dans le boulot, Gary n'a plus que des petites missions ponctuelles à 50 euros. Comme ce lundi,

où son rôle se borne à accueillir Kim Kardashian à l'aéroport. De son côté, Michaël conduit personnellement la star. Gary bombarde son frère de coups de fil, et pareil avec Florus. Il appelle aussi le garde du corps de Kim Kardashian. Omar suit le mouvement et zieute toutes les étapes. Mais le Vieux déchante car la porteuse de bijoux est très entourée, et repart finalement dès le lendemain aux États-Unis.

Il poireaute tout l'été. À la mi-septembre, on l'affranchit du retour de Kim à Paris pour la *fashion week*. En cinq jours, c'est bien le diable si l'équipe ne trouve pas une fenêtre de tir.

À en croire les gens au contact, la starlette aux diamants reste généralement seule au No Address la veille de son vol pour Los Angeles, sans son aréopage qui profite de la dernière soirée à Paris. À partir de là, on voit souvent Omar avec sa compagne Cathy dans le bistrot de Florus où le jeunot Gary, un peu à court, donne un coup de main au black. Omar apparaît aussi en conciliabule avec un gars solide, Didier Dubreucq, alias Yeux bleus, 61 ans. Cet acolyte longiligne au visage en lame de couteau a tiré vingt-trois ans de taule pour un braquage de bureau de poste et une importation de deux tonnes de coke colombienne via le jet privé d'un prince saoudien.

Un guetteur aux gros soucis cardiaques

Deux semaines avant le casse, le Vieux recrute un guetteur, Yunice Abbas, 63 ans, mécano au noir et repris de justice qui a fait vingt ans de cabane pour braquage et trafic de stups. L'Algérien, qui a de gros soucis cardiaques et doit passer sur le billard, n'est pas très chaud. Mais « l'organisateur » lui ayant prêté de l'artiche, Yunice finit par se laisser tenter par ce coup juteux pour rembourser ses dettes, payer les toubibs et améliorer l'ordinaire. Pour étoffer l'équipe, Omar enrôle un autre zigue au carnet d'adresses bien achalandé qui connaît sa maîtresse, Cathy : c'est le Gros Pierrot, le doyen, 72 piges au compteur, ancien braqueur sur la Côte d'Azur et trafiquant de drogue en Espagne, qui monterait de Grasse à Paname pour le même job de guetteur. Enfin, Omar embauche comme chauffeur son fils aîné de 29 ans, Harminy, dit Mimi, employé d'une société de VTC, qui lui prête une Peugeot 308. Très classe en costard noir, chemise blanche et cravate rouge règlementaires, Mimi conduit souvent son père à des rendez-vous à Paris et en banlieue. Puisqu'Omar le Vieux n'a pas de permis à son faux nom.

Le 29 septembre, le « chef » est dans les starting-blocks. Kim Kardashian vient de débarquer à Paris. En ligne directe avec « *le type bien renseigné* », il suit les mondanités de l'Américaine, qui revient du défilé Balmain à l'hôtel Potocki dans le 8e et file à l'*after party show* au restaurant Le Loulou. Sa sœur Kourtney pose en soutien-gorge brillant et Kim Kardashian apparaît déguisée en lingot d'or. De la provoc pour les vieux désargentés. Dimanche 2 octobre 2016, Omar prévient ses gars qu'il faut rappliquer à la gare Saint-Lazare à 2 heures du matin. Fin prêt, il reçoit le top départ : la fille est seule dans sa chambre.

À 2 h 20, trois cyclistes en gilet jaune fluo approchent du No Address et posent les vélos dans la cour. Deux arrivent à pied. Les cinq enfilent des cagoules, des K-way et des brassards siglés police, puis entrent. Ça n'étonne pas le gardien, Abderrahmane, car dans son pays, en Algérie, les flics antiterroristes ont le visage masqué.

Agglutinés autour de l'ordinateur, les truands n'en croient pas leurs yeux. Rien que la bagouze pèse 4 millions de dollars.

Braqué par un flingue (« *Tu vois, c'est pas du factice !* »), le veilleur de nuit pige vite sa méprise. Après « *dix minutes de flottement* », le grand armé mais « *gentil* » annonce la couleur : « *La femme du rappeur, elle est où ?* » Au premier étage. Le concierge est obligé de prendre la clé puis l'ascenseur avec le « *petit* » agité – Omar – et le « *grand* » zen, que les condés prennent pour Yeux bleus, pour ouvrir la porte du duplex loué par la star. Les trois autres restent surveiller en bas.

Kim Kardashian prend les papys pour des « terroristes »

Allongée sur son lit, nue sous son peignoir, Kim Kardashian se repose de cette *fashion week* de folie, trop fatiguée pour sortir danser à L'Arc, une boîte branchée de la place de l'Étoile, avec sa sœur Kourtney, son assistante, Stéphanie, et son garde du corps. Sa styliste, Simone, dort déjà au rez-de-chaussée. Kim regarde la télé lorsqu'elle entend « *des gens monter l'escalier* » qui font « *vraiment du bruit avec les pieds* ». Comme on ne sonne pas, elle croit que sa sœur et son adjointe, de sacrées fêtardes, rentrent « *ivres* » et font « *du vacarme* ». « *J'ai dit "hello" mais comme personne n'a répondu, j'ai compris que quelque chose n'allait pas.* » Intuition confirmée par l'apparition de deux « *hommes agressifs* » en tenue noire de police avec le concierge menotté. Kim les prend pour « *des terroristes* » venus pour l'enlever. Paniquée, elle attrape son iPhone 6, compose le 911 comme aux États-Unis, mais un des intrus le lui arrache des mains et la jette sur le lit. Kim fait une prière pour qu'ils ne la tuent pas.

Le petit de 1,73 mètre à lunettes sous la cagoule et le grand échalas pistolet au poing qui ne sont pas fortiches en angliche exigent avec un fort accent français « *la ring, la ring* », mais elle ne capte pas et demande : « *What? What?* » Alors, les deux, qui portent des casquettes et des gants noirs, montrent leurs doigts et miment le geste des mariés qui glissent une alliance. Kim *does not understand.* Alors, le gardien otage assure la traduction. « *Ils veulent votre bague.* » La jolie pépée en déshabillé désigne alors sa table de nuit. Dans la pénombre, le petit attrape le joyau et le donne au grand qui l'examine à la lueur de la fenêtre

Le petit et le grand, qui ne sont pas fortiches en angliche, exigent avec un fort accent français « la ring, la ring », mais elle ne capte pas : « What? What? »

« *pour vérifier que c'était bien la bague […]. On voyait qu'il était content* ». Le grand enfouit la pierre précieuse au fond de sa poche. Le petit remet Kim sur ses pieds et la traîne sur le palier. Plantée en haut de l'escalier, la people s'imagine un instant dévaler les marches et s'enfuir, mais voyant l'arme, elle renonce : « *Je me suis dit qu'ils allaient me tirer dans le dos.* » Les cris de Kim réveillent Simone en bas qui avertit le garde du corps par téléphone à 2 h 56. Le petit vieux pousse la starlette sur le lit, lui menotte les poignets avec des Serflex en plastique et commence à la bâillonner avec du ruban adhésif. Persuadée de mourir, « *hystérique* », Kim hurle et supplie qu'on la laisse en vie : « *J'ai des bébés, je vais tout vous donner…* » Cela tombe bien car les voleurs réclament : « *Money, money, money.* » C'est le second, et dernier, mot en anglais qu'ils ont prononcé.

Et Omar ligote la poupée en larmes

Le grand attrape 1 000 dollars dans son portefeuille et vide un coffret Vuitton plein à craquer. « *Il était tellement excité quand il a vu mes bijoux, bracelets, brillants, boucles d'oreilles, trois montres, il y avait vingt articles, tout ce que je possédais.* » Un trésor à 9 millions d'euros. Pendant ce temps, Omar, qui ligote la poupée en larmes, lui fait comprendre d'un « *chut, you OK* » qu'elle ne va pas mourir. Il l'attrape par les jambes pour la ramener au bout du lit *king size* et le peignoir s'ouvre sur son triangle des Bermudes. La fille gonflée au silicone est « *certaine qu'il va [la] violer* » mais visiblement ça n'intéresse pas le Vieux qui referme les gambettes et enroule du scotch autour de ses chevilles. « *Il m'a relevée et m'a portée comme un bébé pour me mettre dans la salle de bains.* » Où il la laisse sur le carrelage. Les deux braqueurs filent au pas de course. Le grand revient chercher l'iPhone, un oubli… À la sortie, Omar le Vieux remet à Yunice Abbas, qui a monté la garde, un sac censé contenir du matos à jeter, mais se trompe et lui refile par mégarde la moitié du butin.

Le mécano du Raincy au palpitant qui flanches enfourche son bicloune et suit les deux braqueurs qui le sèment. Car le pneu arrière crève et le voilà qui tombe. Malgré la roue fichue et ses artères bouchées, Yunice remonte et pédale. Mais le sac mal fermé accroché au guidon dégringole et les bijoux s'échappent.

Le pneu arrière crève et Yunice tombe. Il remonte et pédale. Mais le sac accroché au guidon dégringole et les bijoux s'échappent. Il chute à nouveau, et perd la joncaille sur le trottoir.

Il chute à nouveau, rue Castellanne, dans le 8ᵉ. Et perd la joncaille sur le trottoir. Il ramasse tout ce qu'il peut, oublie un pendentif en forme de croix incrusté de diamants. Ses genoux jouent des castagnettes. *« J'ai vraiment senti mon cœur s'emballer. Je me suis dit que j'allais y passer, ça m'a refroidi. »* Il pousse son deux-roues pourri jusqu'à Saint-Lazare et prend un taxi pour la gare du Nord. Là, rue Lafayette à 3 h 28, le mécano jette le portable spécial remis par Omar et récupère la Kangoo d'un client bricolée avec de fausses plaques. Sur l'autoroute A3 pour rentrer en Seine-Saint-Denis, soudain, le sac se met à sonner. Une main sur le volant, l'autre en train de farfouiller, Yunice galère à éteindre ce grelot qui l'énerve. Il s'arrête à la sortie de Bondy et découvre au milieu des bijoux l'iPhone 6 de Kim Kardashian. Le cardiaque attrape cet objet compromettant et va le jeter dans le canal de l'Ourcq. Épuisé, rincé, le voyou malade atteint son HLM miteux du Raincy, dans le 93, et planque dans la cave les bijoux de l'Américaine, de peur que sa moitié les repère. Omar le Vieux viendra les récupérer le lendemain matin.

Quand les poulets trouvent les traces ADN d'Omar et sa bande

Pendant ce temps, au No Address, les poulets de la BRB, la brigade de répression du banditisme, entendent sur procès-verbal la victime Kim Kardashian et le réceptionniste. Puis prennent des gants pour ramasser les pièces à conviction et les traces biologiques expédiées au labo pour analyse. Et bientôt, deux empreintes génétiques découvertes sur les Serflex utilisés pour entraver Kim et le gardien sont identifiées : Aomar Aït Khedache, né le 2 mai 1956 à Amalou en Algérie, inscrit au fichier des personnes recherchées depuis six ans, et Yunice Abbas, né le 4 août 1953 à Clichy-sous-Bois, au casier judiciaire bien fourni. Des vieux chevaux de retour, comme on dit à la BRB. Des has been qui ont certes de la bouteille, mais pas le sens des subtilités de l'ADN, de la géolocalisation et de la vidéosurveillance. Le visionnage des bandes enregistrées par les caméras de la Ville de Paris et des commerces alentour permet aux limiers de pister deux cyclistes, descendus d'une

La star, les papys et les bijoux

Peugeot 508 stationnée vers Saint-Lazare, puis repartis à bord de la même voiture. Le chauffeur est un jeune homme smart en chemise blanche, cravate rouge et costard noir. En surveillant l'entourage d'Aomar Aït Khedache, les policiers tombent sur la Peugeot 508 garée devant l'adresse de son fils Harminy qui sort de chez lui dans la même tenue.

Grâce à son logiciel de téléphonie et son expérience de geek, le brigadier Chris K. de la BRB fait le tri parmi les 7 591 déclenchements de portables dans la zone du braquage la nuit du 2 au 3 octobre. Il élague, enlève les connexions internet, appels de l'étranger ou vers des fixes, et n'obtient plus que 196 lignes. Dans ce maquis, l'expert ès téléphonies finit par repérer un numéro qui commence par « 07 50 », typique de l'opérateur Lebara prisé par les voyous car ces appareils jetables appelés « *portable de guerre* » sont chiffrés et ne nécessitent pas de pièce d'identité pour être ouverts. Il épluche les « fac-dets » (facturations détaillées) de cette ligne suspecte, qu'il baptise PG1, et l'attribue bientôt à Aomar, dit Omar le Vieux. Il trouve deux autres téléphones en contact avec lui la nuit fatidique : le PG2 de Yunice Abbas et le PG3 du Gros Pierrot. L'enquêteur retrace en amont du vol les itinéraires des détenteurs de ces appareils. Puis il trouve deux autres portables de guerre en relation avec PG1 qu'il impute à Yeux bleus et à Harminy. Les bornages parallèles de ces appareils permettent de détecter les points de rassemblement de la bande, et d'élargir le cercle.

Dorénavant, tout ce petit monde est écouté et filoché, leurs véhicules « pastillés » avec des balises GPS. Un nouveau complice apparaît, le « fourgue » Marceau, alias Nez rapé. À 58 ans, ce manouche forain sur les marchés, dont le chien teckel s'appelle Capone, est un receleur réputé en région parisienne. La BRB le suit à la trace lors d'une expédition à Anvers en Belgique avec Omar et Cathy pour écouler l'or et les diamants de Kim Kardashian.

En planque devant les rendez-vous des papys bandits dans des bistrots à Paris, les flics de la BRB ont l'impression d'assister au partage du magot le 5 décembre 2016 au Mon Café, rue du Faubourg-Saint-Antoine entre Omar le Vieux, le Gros Pierrot, Yunice Abbas et Yeux bleus qu'ils piègent au téléobjectif, en doudoune d'hiver en train de fumer leur clope en terrasse.

Où la bande s'offusque de la suspicion des flics

Le 9 janvier 2017, à l'heure du laitier, les condés de la BRB déboulent au domicile des voleurs, exhibent leur «brème» (carte de police) et leur passent les pinces. Le réseau du Vieux est par terre. Après un passage à l'hosto, le cardiaque Yunice Abbas s'allonge en garde à vue mais sans citer de noms, pour tirer d'affaire son fils Abdel-Magid, 35 ans, moniteur de conduite, chez qui 60 000 euros ont été découverts, dont 10 000 offerts par son paternel pour racheter l'auto-école à son patron : *« Je me doute bien que ce n'est pas de l'argent honnête. Mon père, depuis que je suis petit, il a des affaires avec la police. Je me doutais bien qu'il avait pas gagné au Loto ou eu un héritage. »*

« Vous voulez m'enfiler un chapeau qui ne me va pas », commence par nier Aomar Aït Khedache, le Vieux, offusqué par la suspicion de la BRB à son égard. *« Je crois que vous recherchez quelqu'un qui chausse du 41 et vous ramenez tous les gens qui chaussent du 41… Je fais du 41, maintenant serré ou trop grand ça rentre toujours… »* Quand le brigadier Chris K. lui annonce que son ADN a été retrouvé sur le Serflex et le scotch ayant servi à attacher Kim Kardashian, le cerveau présumé du casse tombe de l'armoire. Il a pris des précautions pourtant, des gants afin de ne pas laisser d'empreintes digitales, cagoules et déguisements pour tromper l'adversaire, portables de guerre dédiés pour dérouter la flicaille ! Mais comment est-il possible qu'une microtrace de peau, de salive, de cheveu ou de sueur sur un lien de serrage puisse livrer l'empreinte génétique ? Ça le dépasse, Omar le Vieux. En plus, le condé lui apprend que son fils, Harminy, et sa compagne, Cathy, croupissent dans les cages à côté. Le flic passe un marché avec lui : *« On a ton gosse et on a ta nana en garde à vue, on va leur faire la misère si tu parles pas… »*

La BRB charge Cathy qui, pour eux, tient « *le secrétariat criminel* » de son entreprise, passe les coups de fil pour lui, prend ses rendez-vous et s'occupe de la logistique, genre acheter les portables de guerre dans une boutique au métro Louis-Blanc. Alors, Omar le Vieux se met à table, à cause de l'ADN, la preuve imparable, et pour sauver sa compagne et son fils. Un fils sous influence, selon sa mère, Françoise, ex-épouse du braqueur : « *Harminy est un mouton, je pense qu'il a suivi son père pour lui rendre service.* » Quand même, ça l'étonne un peu ce casse organisé par Omar, « *rapport à son âge* », mais elle le sait incorrigible et lâche, fataliste : « *Lui, il est bandit dans l'âme, il est né comme ça.* »

Sur son quant-à-soi, Didier Dubreucq, alias Yeux bleus, en qui la PJ et la juge voient le second braqueur de Kim Kardashian, la joue à l'aise dans ses baskets, dérangé par des poulets pour des prunes à cause de son passé. Il le jure : « *Je n'ai absolument rien à voir avec cette histoire que j'ai apprise, comme tout un chacun, sur BFM-TV.* » Il a réponse à tout. Si un portable de guerre baptisé « PG4 » lui a été attribué par la BRB, et qu'un suspect filmé sous un réverbère lui ressemble étrangement, Yeux bleus ne se « *sent pas concerné* ». À l'en croire, l'attirail découvert chez lui dans un sac de sport n'a rien d'anormal : « *Les gants, c'est pour me protéger du froid, c'est pas pour aller braquer* », et la panoplie de couvre-chefs, « *ben c'est l'hiver* ». « *J'ai beaucoup de bonnets, de casquettes comme j'ai des chaussettes, des slips et des caleçons.* » La perruque, c'est un vieux truc qui traînait à la cave. Le gilet jaune fluo dans un véhicule, ce n'est pas le sien. Et le fusil d'assaut caché sous l'évier d'un homme l'ayant hébergé : « *Cette arme ne m'appartient pas.* »

Non vraiment, il y a erreur sur la personne. Il ne faut pas voir malice dans ses rendez-vous avec le Vieux. Plombier au chômedu qui touche 535 euros de RSA par mois, séparé de la mère de ses deux gosses, Yeux bleus n'a « *rien à faire* » alors ça lui « *fait plaisir de voir* » Omar et ça conjure ses insomnies dues à des acouphènes : « *Je m'enivre un peu pour ne plus les entendre en buvant du côte-du-rhône* » chez Florus. Quand il est à sec, il « *emprunte un billet à droite à gauche* », à Florus et à d'autres, joue au PMU, fume des clopes et « *un p'tit pétard de temps en temps* » malgré un emphysème pulmonaire. Bref, rien d'illégal.

Comment est-il possible qu'une microtrace de peau, de salive, de cheveu ou de sueur sur un lien de serrage puisse livrer l'empreinte génétique ? Ça le dépasse, Omar le Vieux.

« J'suis dans la galère. Là j'suis dans une mauvaise passe, j'suis chat noir. »

Le fournisseur de renseignements, Gary M., n'est pas d'accord non plus avec l'interprétation des policiers. S'il a questionné son frère Michaël – vite dédouané – sur l'emploi du temps de Kim Kardashian, c'est *« juste comme ça, pour savoir s'il était tranquille »*, *« par curiosité »* et pour tuer l'ennui aussi : *« Au moment où j'ai envoyé ces messages, j'étais seul et je voulais juste échanger avec mon frère. »* Destinataire supposé de ces tuyaux, Florus passe aux yeux de la BRB pour l'apporteur d'affaires. Il use et abuse de son droit au silence en garde à vue. Censé gagner 1 350 euros par mois comme barman, il n'explique pas les 140 000 euros en billets de 50 découverts sous son lit. Et envoie méchamment paître le policier qui tente de l'extraire de la « cage » pour une audition : *« Vas te faire enculer, je parle pas, je garde le silence, je dors. »* Et de conclure : *« Fils de pute, gros cul ! »*

Au sujet du butin disparu, Omar dit que l'or a été fondu et revendu, que la bague à 4 millions de dollars n'a pas été écoulée, trop repérable, mais que *« quelqu'un l'a »*. Il cause a minima, en gommant l'usage d'une arme. *« C'était pas un truc violent. »* Le Vieux s'affiche en *« invité »* sur ce coup, pas en cerveau ou organisateur. En échange de sa bonne volonté, en fin de garde à vue, il a été autorisé à rester un moment avec Cathy, à pleurer et se serrer dans les bras, car *« Aomar sait qu'il va partir pour longtemps »* en prison.

La juge d'instruction, Armelle Briand, a mis en examen dix suspects pour *« vol à main armée ou complicité, enlèvement et séquestration de Kim Kardashian, ou association de malfaiteurs »*. La plupart ont été écroués. Puis les voleurs, guetteurs et tuyauteurs ont été libérés les uns après les autres, même Yeux bleus que Mᵉ Frédéric Trovato a réussi à tirer de sa geôle car *« la prison c'est très mauvais pour son cancer du poumon »*. Tous sont sortis en attendant le procès d'assises ou le non-lieu. Sauf Omar, malgré la niaque

de son avocate, Chloé Arnoux, qui met en avant son âge et ses soucis de vieux. Le truand à l'ancienne paie ses années de cavale et de pied de nez à la justice. En taule à Beauvais, sourd comme un pot, *« l'organisateur »* porte des appareils auditifs. Lui qui a tant éclusé de demis au zinc bosse à la fabrique de tireuses à bière, et palpe chaque mois 200 euros de son fils Haris. Il se fait énormément de mouron pour son aîné, Harminy, dont il dit *« c'est un chamallow »*, et pour sa compagne, Cathy, qui a failli calancher *« d'un infarct »* en prison. *« Elle est inculpée dans mon affaire mais elle était pas au courant. »* Elle a coupé les ponts. À l'expert psychologue, Omar le Vieux a expliqué à sa façon les ennuis judiciaires de *« Pierrot, Florus, Marceau, François, Cathy, Abbas »*, *« tous des amis »* : *« Ils sont mis en examen parce qu'ils ont attrapé des téléphones chez moi par réseau fermé »*, chacun ayant un numéro spécifique pour le contacter. Il a aussi comparé l'enquête de la BRB à une contamination par le VIH : *« Le téléphone, c'est comme le Sida, si un est écouté, il infecte les autres… »*

Et Kim Kardashian découvrit que le monde n'est « plus un endroit sûr »

En Californie, Kim Kardashian a repris son business florissant. Traumatisée par l'agression, la femme d'affaires a boudé la capitale française pendant vingt mois. Le 7 février 2017, la juge d'instruction parisienne est donc allée interroger aux États-Unis la victime qui a déclaré sur procès-verbal : *« Cette expérience m'a ouvert les yeux sur le fait que le monde n'était plus un endroit sûr… »* Son rapport aux objets de valeur a changé : *« Ma perception des bijoux, c'est que je n'y tiens plus comme avant, je n'ai plus les mêmes sentiments. En fait, je trouve que c'est devenu un fardeau d'avoir la responsabilité d'objets aussi chers. »* Et puis, Kim Kardashian est revenue à Paris le 21 juin 2018 pour assister au défilé Vuitton pendant la *fashion week*. Avec des bijoux de pacotille… ▨

Patricia Tourancheau

Journaliste depuis trente-trois ans, dont vingt-neuf à *Libération*, elle couvre les faits divers, les histoires de bandits, de police et de crimes. Elle a écrit six livres, dont *Le 36*, *Grégory* et *Le Magot* (Éd. Seuil). Elle a coréalisé la série documentaire *True Crime* sur l'affaire Grégory diffusée fin 2019 sur Netflix et est l'auteure d'un podcast sur la traque du Grêlé pour la plate-forme Sybel.

Rocco

Né à Metz, il a grandi à Grenoble et vit à Paris. Illustrateur et graphiste, il travaille pour la presse et l'édition (*Libération*, *Le Monde*, *Liaisons sociales*…). La Chienne édite ses affiches et son *Wawa color*, CBO ses ouvrages sérigraphiés. Il a illustré *Les Étourdissantes Aventures du beau singe roi* chez Albin Michel jeunesse.

« Cette équipe de misérables has been incarne l'évolution du milieu français »

Ça fait des lustres que la scribouilleuse de faits divers que je suis colle aux basques des truands et des poulets, pour raconter leurs coups et leurs enquêtes dans *Libération*, puis dans des livres et des magazines. Alors, cette équipe-là de misérables has been français montés au braquo de la richissime starlette de télé-réalité américaine, je n'allais pas la laisser passer ! Si je connais une flopée de bandits, du gang des Postiches à Jacques Mesrine, de Porte-Avion à Nino Ferrara et aux frères Hornec, ces gars-là, honnêtement, jamais entendu parler ou presque.

Un voleur dépassé

À l'exception de Yeux bleus, qui a trempé dans une grosse affaire de coke importée via l'avion d'un prince saoudien, et de Nez râpé, dont la réputation de receleur capable de refourguer or, bijoux et pierres n'est plus à faire dans le mitan parisien, les autres ne sont pas des têtes d'affiche, mais des soutiers du crime. En explorant leurs parcours personnels, j'ai remarqué que ces zigues incarnent l'évolution du milieu français : braqueurs de banques dans les années 1980, ils sont passés au trafic de stups puis aux vols de bijoux, bien plus lucratifs. L'or et les diamants sont des valeurs sûres ! L'organisateur supposé du casse, Omar le Vieux, qui aurait recruté au sein de sa famille

> « Omar le Vieux est un "malfaiteur" du XXe siècle qui n'a rien pigé aux nouvelles technologies employées par ses adversaires. »

– sa compagne pour les prises de rencards et les achats de portables, son fils comme chauffeur – n'a rien d'un cerveau flamboyant, mais tout du voleur dépassé. Un « malfaiteur » du XXe siècle qui n'a rien pigé aux nouvelles technologies employées par ses adversaires de la BRB – la brigade de répression du banditisme – pour le piéger. Ainsi, un jeune voyou qui a côtoyé ces sexagénaires en taule s'amusait auprès de moi de leur décalage : *« C'est des vieux ! Ils croient que s'ils sont grimés, on ne va pas les reconnaître. Ils ne savent pas que les caméras à Paris te filment du point de départ jusqu'à l'arrivée... »* Ils ignorent aussi que les gants et les cagoules ne suffisent plus à protéger des microtraces dont les biologistes tireront leur empreinte génétique.

Un jargon savoureux

Bref, les auteurs du « casse du siècle », du XXIe, ayant raflé pour 9 millions d'euros de bijoux à la reine des réseaux sociaux Kim Kardashian, n'ont pas tellement donné de fil à retordre aux limiers de la BRB. Comme ces chasseurs de bandits que je fréquente depuis vingt-cinq ans s'expriment dans un jargon typique de la flicaille et que les truands baragouinent dans un argot du milieu, j'ai choisi d'écrire ce récit d'aventures dans leur langue, savoureuse.

EN COULISSES

C'est qui Kim Kardashian ?

Fille d'un avocat d'origine arménienne, Robert Kardashian, ami et membre de l'équipe de défense du footballeur américain O. J. Simpson accusé du meurtre de sa femme, Kimberly Kardashian naît le 21 octobre 1980 à Los Angeles et étudie au lycée catholique pour filles Marymount High School. C'est une *sextape* avec le chanteur Ray J ayant fuité sur Internet en 2007 qui la fait connaître. La brune aux formes généreuses, boostées par la chirurgie esthétique, devient célèbre grâce à l'émission de télé-réalité *L'Incroyable Famille Kardashian*, qui la met en scène avec ses sœurs, sa mère, Kris, remariée à l'ancien athlète Bruce Jenner, et ce dernier, devenu sa belle-mère, ex-championne olympique transgenre. Chacune des seize saisons de la saga aurait rapporté 25 millions de dollars au clan.

Managée par sa mère et reine des réseaux sociaux, Kim Kardashian bombarde ses millions de *followers* (48 millions sur Twitter et 134 millions sur Instagram) de selfies en tenues plus ou moins dénudées. Elle empoche pas mal de billets verts en partageant des posts sponsorisés, et en vendant ses lignes de vêtements, lingerie fine,

Sur Instagram, c'est la reine des selfies et des maillots trop petits.

cosmétiques, parfums et produits de beauté, tel KKW Beauty. Son jeu vidéo pour mobiles *Kim Kardashian: Hollywood*, lancé en 2014, génère 40 % de sa fortune, évaluée à 350 millions de dollars par le magazine spécialisé *Forbes*, qui la place au 54e rang des personnes les plus riches au monde.

En 2014, Kim Kardashian prend pour troisième mari le rappeur Kanye West. Ils ont quatre enfants, dont deux nés d'une mère porteuse. Après le vol à main armée subi à Paris en octobre 2016, la starlette traumatisée raconte l'agression, en larmes et défigurée, dans *L'Incroyable Famille Kardashian*. Elle ne veut plus mettre les pieds en France. Avant de céder aux sirènes de la tentation de la *fashion week* suivante.

En avril 2019, la déroutante Wonder Woman annonce dans *Vogue* son étonnante reconversion dans le métier d'avocate, comme son père. À défaut d'études de droit poussées, elle suit un stage dans un cabinet afin de passer le concours du barreau de Californie en 2022. Ce serait le cas d'une grand-mère de 63 ans, Alice Marie Johnson, condamnée à perpétuité pour trafic de stupéfiants et blanchiment qui l'aurait incitée à embrasser le métier. Kim Kardashian est intervenue auprès du président Donald Trump, ami de son mari, pour gracier cette détenue âgée, et a obtenu gain de cause. Une semaine plus tard, la Maison Blanche l'a reçue pour plancher sur les libérations conditionnelles. Et la future Me Kardashian d'expliquer dans un magazine people : « *Je me suis dit que je voulais me battre pour les gens qui ont payé leur dette envers la société…* »

POUR ALLER PLUS LOIN

58—XXI *La star, les papys et les bijoux*

Braquages en série

6 octobre 2007
4 décembre 2008
79 millions d'euros

La même équipe de braqueurs dévalise deux fois la prestigieuse joaillerie Harry Winston, située avenue Montaigne à Paris, avec la complicité d'un vigile. Au total, 900 bijoux sont volés pour un préjudice de 79 millions d'euros. Seules 279 pièces ont été retrouvées. Arrêtés, les membres de l'équipe ont été condamnés à des peines allant jusqu'à quinze ans de prison pour les récidivistes.

30 mai 2009
6,8 millions d'euros

En moins de deux minutes, un voleur muni d'une arme factice rafle pour 6,8 millions d'euros de bijoux à la bijouterie Chopard à Paris. Il a été arrêté et condamné à huit ans de prison.

13 juillet 2009
15 millions d'euros

Un homme armé au visage découvert déboule vers 11 heures dans la boutique Cartier sur la Croisette à Cannes et somme les employés de s'allonger. Il fait entrer ses deux complices casqués. Tous trois s'emparent des bijoux en vitrine avant de s'enfuir à moto. Le butin s'élève à 15 millions d'euros. La police croit voir la patte des Pink Panthers, un gang venu des Balkans qui attaque les bijouteries de luxe dans le monde entier.

28 juillet 2013
103 millions d'euros

Un solitaire, casquette, visage caché par un foulard, pénètre dans l'hôtel Carlton de Cannes où la maison israélienne Leviev organise une exposition de bijoux. Il menace plusieurs personnes avec son pistolet automatique et, en un éclair, ressort avec une mallette remplie de bijoux, bagues, pendentifs et boucles d'oreilles, un butin estimé à 103 millions d'euros.

30 décembre 2016
5,5 millions d'euros

Un faux client escamote deux bagues et deux diamants chez le joaillier De Grisogono, place Vendôme, et les remplace par la même enveloppe de papier kraft remplie de… petits cailloux : 5,5 millions de butin. Le « voleur aux doigts d'or » roumain a été rattrapé avec six gars de son gang à Bucarest.

1er août 2019
1,3 million d'euros

Vers 21 h 30, une pseudo cliente VIP des Émirats, accompagnée de sa domestique, prétend vouloir acquérir sept bijoux chez le joaillier de luxe Ermel, rue Saint-Honoré à Paris. Pour distraire la commerçante, un comparse lui passe plusieurs coups de fil pour régler les détails du virement, le temps que la voleuse remplace l'écrin rempli de diamants (pour 1,3 million d'euros) par un autre plein de bouillons Kub Maggi.

Les Bijoux de la Kardashian
de Julien Dumond, François Vignolle et Grégory Mardon
Éd. Glénat, 2019

Un récit en BD truculent et bien documenté du braquage de la vedette de télé-réalité. Un projet de fiction pour le cinéma est en développement.

La PJ est-elle morte ?
de Christophe Korell
Éd. Enrick B., 2019

Policier blogueur et geek, ce brigadier expert en téléphonie a exercé dix ans à la Brigade de répression du banditisme (BRB). Il raconte la crise des vocations en police judiciaire et les coulisses de l'attaque de la bijouterie Harry Winston à Paris en 2008.

Fashion week
de Joann Sfar
Éd. Dargaud, 2020

L'auteur du *Chat du rabbin* et de *Petit Vampire* s'inspire des aventures de Kim Kardashian pour sa BD prévue en mars. Marion Festraëts (*Chefs*) compte l'adapter au cinéma.

Enquêtes générales
de Raynal Pellicer et Titwane
Éd. de La Martinière, 2013

En immersion à la BRB durant quatre mois, Raynal Pellicer reconstitue le quotidien du groupe des « enquêtes générales » qui piste les voleurs de bijoux, à travers huit grandes affaires, dessinées au crayon, à l'aquarelle ou à l'encre par Titwane.

/ À LIRE, À VOIR

Mon inconnu

Enfant, Olivier Bertrand passait ses vacances d'été dans le village de sa famille, en Ardèche. Un matin, des soldats allemands y ont fusillé tous les habitants, parce qu'ils avaient caché des résistants. C'est l'un des nombreux massacres ignorés de l'hiver 1943-1944, sauf que dans ce hameau-là il y avait quinze habitants, et seize corps ont été retrouvés. Fasciné par cet inconnu, le journaliste décide de lui redonner un nom.

Par Olivier Bertrand
Longtemps journaliste à *Libération* et auteur de documentaires, il est l'un des cofondateurs du site d'information *Les Jours*, pour lequel il a couvert la Turquie. La quête de cet inconnu mort sous l'Occupation est le fil rouge de son essai, *Les Imprudents* (Le Seuil, 2019).

**Illustrations
Sara Quod**
Née à l'île de La Réunion, elle travaille dans l'illustration jeunesse, la presse et la bande dessinée. Elle aime les histoires qui racontent la vie des gens, leurs relations et leur environnement.

Ma famille a vécu pendant des siècles en Ardèche, à Labastide-de-Virac. Mon arrière-grand-père, paysan, avait perdu un pied à la guerre en 1915 et rencontré à l'hôpital mon arrière-grand-mère, aide-soignante issue de la bourgeoisie parisienne. Elle avait tout quitté pour suivre son paysan. Ils ont longtemps vécu aux Crottes (cela veut dire « les grottes » en provençal), un hameau isolé de Labastide.

Quand mon père m'y a emmené la première fois, tout était abandonné. Des arbres avaient crevé les sols, leurs branches ressortaient par les fenêtres. Je me souviens des pierres, du silence.

Mes arrière-grands-parents.

En mars 1944, des soldats allemands sont venus à l'aube tuer tous les paysans parce qu'ils avaient caché des résistants. Ils étaient quinze à vivre aux Crottes. Mais on a retrouvé seize corps. Il y avait un jeune homme en trop, on l'a enterré avec les autres, sans poser de question.

Ma famille et des voisins dans les années 1940.

J'ai arpenté les rayons des archives de sept départements, les Archives nationales, celles de la défense et de la justice militaire...

> A notre arrivée sur les lieux, nous avons découvert à 10 mètres à l'est du côté nord de la ferme à l'orée d'un boqueteau de sapins le cadavre d'un homme allongé au sol. Il était vêtu d'un complet civil gris foncé, chaussé de chaussures jaunes demi fortes à tiges montantes, de chaussettes blanches, d'un caleçon blanc et portait autour du cou deux cache nez l'un de couleur blanche, l'autre à rayures voyantes.

Constat de découverte d'un corps, rapport de gendarmerie du 5 mars 1944.

J'ai vite compris que le corps de l'inconnu n'avait pas été retrouvé le même jour, ni au même endroit que les autres. Il gisait près d'une ferme isolée au milieu des bois. Cette ferme avait abrité un groupe de résistants appelé « Bir-Hakeim ».

Je me suis plongé dans les rares ouvrages qui évoquent Bir-Hakeim. Au détour d'une page, j'ai découvert que l'un des maquisards avait disparu près de cette ferme. Son surnom : « Grand-Père ». Pouvait-il être mon inconnu ? Pourquoi les habitants n'avaient-ils jamais fait le lien ? Cela paraissait trop simple, mais, sur cette hypothèse, je me suis lancé sur les traces de Bir-Hakeim et de « Grand-Père ».

Jean Brusson est le dernier survivant de Bir-Hakeim. Vice-amiral d'escadre en retraite, c'est un vieillard malicieux de 95 ans. Je l'ai retrouvé chez lui, à Créteil.

En janvier 1943, Jean Brusson a 17 ans, il est en prépa militaire à Toulouse quand un ami lui parle d'un groupe clandestin.

Le fondateur, Jean Capel, veut former des jeunes pour encadrer des maquis armés ; il choisit comme instructeur Christian de Roquemaurel, 23 ans, lieutenant de hussards. Ils s'entraînent dans un salon à présenter les armes, avec des bâtons en guise de fusils.

Capel est communiste, Roquemaurel issu d'une famille d'extrême droite. Leur seul programme commun : foutre les Allemands dehors.

Lui, c'est Christian de Roquemaurel

Lui, c'est Jean Capel

Fin mai 1943, les jeunes résistants dénichent une première planque, une bergerie abandonnée, dans un vallon de l'Aveyron. Ils se font passer pour des étudiants en vacances, plantent un tronc d'arbre pour lever les couleurs et s'entraînent au combat.

En août, ils sont une vingtaine. Les hymnes guerriers qu'ils inventent résonnent le soir dans le vallon. « Grand-Père », mon inconnu, est-il parmi eux ? Jean Brusson, le dernier maquisard en vie qui pourrait m'aider à l'identifier, opérait alors depuis Toulouse. Il ne sait donc pas me répondre.

Ils prennent le nom de Bir-Hakeim, en hommage à la première bataille gagnée par les Alliés en Libye et se choisissent un logo.

Il existe plusieurs clichés de Bir-Hakeim à ses débuts. C'est rare, des résistants qui se prennent en photo. Ils sont jeunes, courageux mais très imprudents.

Après-guerre, Christian de Roquemaurel écrira ses mémoires. Ce garçon semblait aimer l'aventure, les femmes et la bagarre.

Christian de Roquemaurel (à gauche), à côté de son frère Marcel.

Les patriotes se baignent dans l'Alzou, le ruisseau qui coule près de leur bergerie. L'un d'eux, Bernard Sevestre, dessine bien, il chronique la vie du maquis.

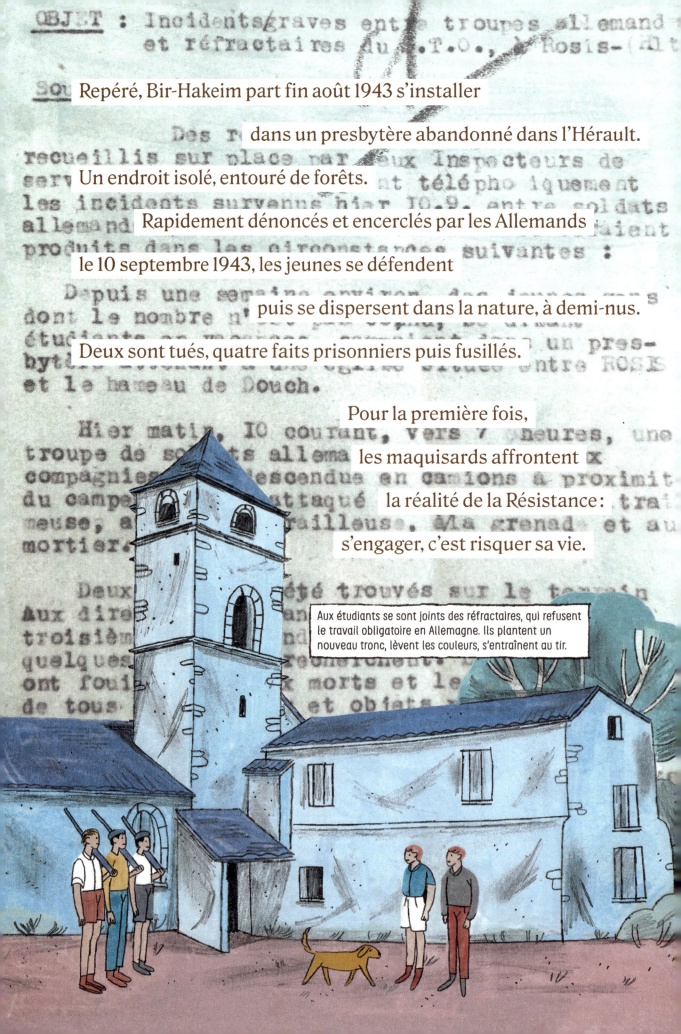

Repéré, Bir-Hakeim part fin août 1943 s'installer dans un presbytère abandonné dans l'Hérault. Un endroit isolé, entouré de forêts.

Rapidement dénoncés et encerclés par les Allemands le 10 septembre 1943, les jeunes se défendent puis se dispersent dans la nature, à demi-nus.

Deux sont tués, quatre faits prisonniers puis fusillés.

Pour la première fois, les maquisards affrontent x la réalité de la Résistance : s'engager, c'est risquer sa vie.

Aux étudiants se sont joints des réfractaires, qui refusent le travail obligatoire en Allemagne. Ils plantent un nouveau tronc, lèvent les couleurs, s'entraînent au tir.

Deux proches de Jean Capel sont arrêtés en décembre 1943. L'un d'eux, Albert Uziel, ravitailleur du maquis, conserve dans son portefeuille la photo d'identité d'un de ses camarades.

Il explique à la police de sûreté qu'il s'agit d'un « israélite » qu'il a connu « *sous le pseudonyme de Grand-Père* ». Le cliché a disparu des archives. Pourquoi ? Était-ce le visage de mon inconnu ?

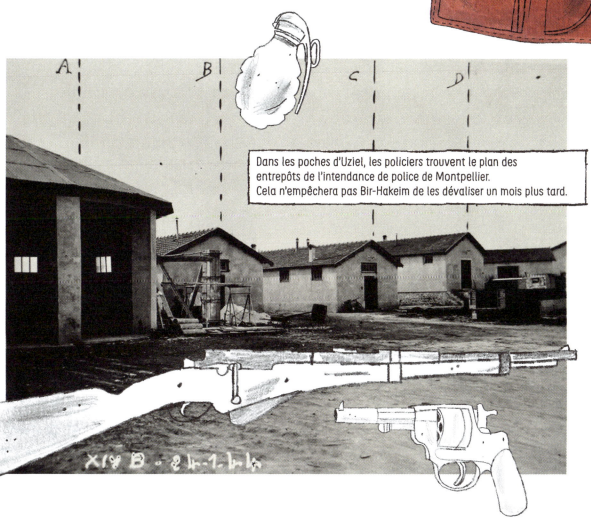

Dans les poches d'Uziel, les policiers trouvent le plan des entrepôts de l'intendance de police de Montpellier. Cela n'empêchera pas Bir-Hakeim de les dévaliser un mois plus tard.

Les résistants vont de planque en planque et arrivent le 25 janvier 1944 dans le village de ma famille. Des habitants les installent dans une ferme isolée dans les bois. Alice, l'épouse du maire, consigne ces événements dans un petit cahier.

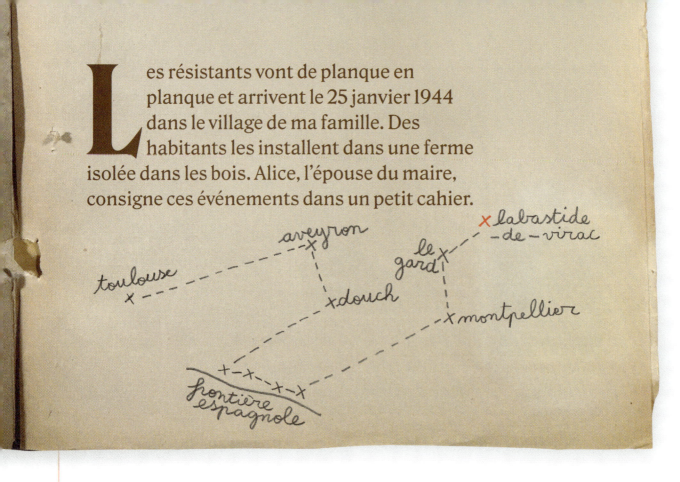

« Ils avaient de nombreuses autos, motos, side-cars, camions. Comme armes, des fusils, des mitrailleuses, et de nombreuses caisses de munitions. […] Très entreprenant et très hardi, le groupe Bir-Hakeim fit de nombreux coups de main. Une telle activité ne pouvait pas passer inaperçue. »

Extrait du cahier de l'épouse du maire.

Ce cahier, je l'ai retrouvé chez la belle-fille d'Alice, Lina, 96 ans aujourd'hui. C'était une amie d'enfance de ma grand-mère, qui m'a confié un jour que mon grand-père, Roger, était tombé amoureux de cette bergère.

Mon grand-père, Roger Bertrand. Les paysans le surnommaient « Lou Capéou », parce qu'il portait souvent d'élégants chapeaux.

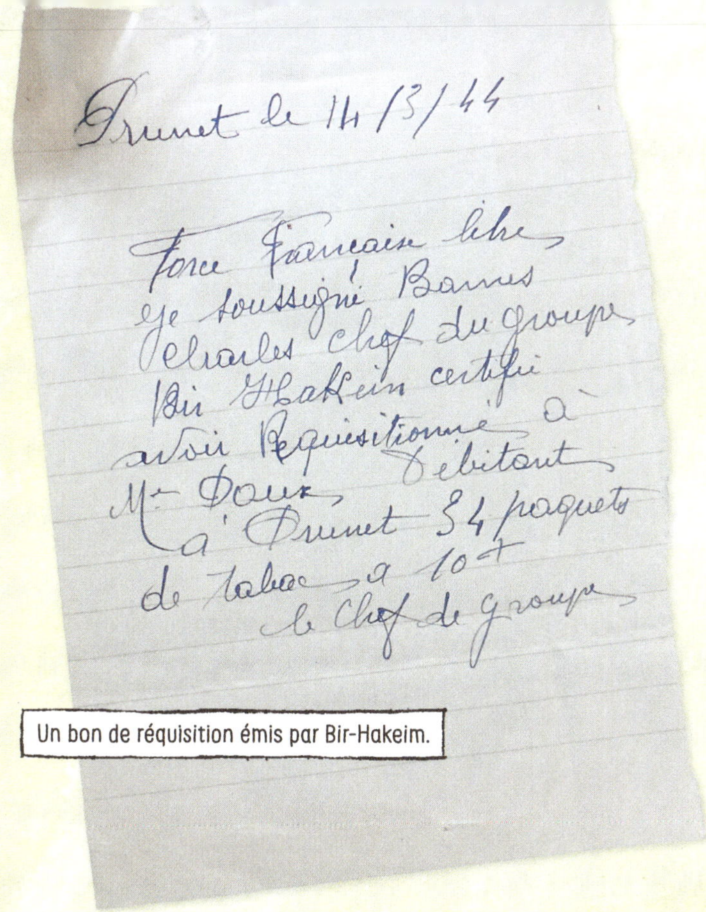

Prunet le 14/3/44

Force Française libre
Je soussigné Barnes
Charles chef du groupe
Bir Hakeim certifie
avoir Réquisitionné à
Mr Doux habitant
à Prunet 34 paquets
de tabac a 10 f
le chef de groupe

Un bon de réquisition émis par Bir-Hakeim.

Les résistants confisquent du tabac, du sucre ou du pain dans les maisons ou les boutiques. Clandestins mais pas voyous, ils laissent des bons de réquisition signés « Bir-Hakeim », des quittances valant remboursement à la Libération.

À Labastide-de-Virac, les habitants sont divisés sur l'attitude à adopter. Aider les jeunes patriotes, les craindre ? Les positions sont moins tranchées qu'on ne le racontera après-guerre dans un récit national qui a souvent mythifié la Résistance.

Bir-Hakeim est vite repéré.

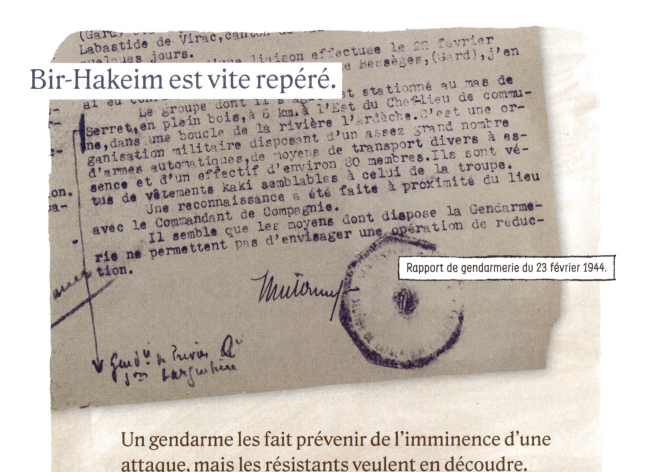

Rapport de gendarmerie du 23 février 1944.

Un gendarme les fait prévenir de l'imminence d'une attaque, mais les résistants veulent en découdre. Ayant récupéré des armes lourdes, ils décident d'attendre les Allemands et préparent une embuscade dans les bois.

Le 26 février 1944 au matin, des SS traversent Labastide en camions. Il y a classe, les écoliers se jettent aux fenêtres. C'est la première fois qu'ils voient des uniformes allemands au village.

Les écoliers de Labastide.

Quand les SS s'engouffrent dans la forêt, Bir-Hakeim ouvre le feu. L'ennemi perd de nombreux hommes mais, au bout de deux heures, il encercle la ferme isolée. Roquemaurel ordonne le repli, un groupe est chargé de retarder les Allemands. L'instructeur racontera dans ses mémoires qu'un « *jeune héros* », blessé, a refusé que ses copains l'emportent. Il s'est sacrifié, a continué de tirer, caché sous un boqueteau d'arbres. Une rumeur, au village, dit que les SS sont repartis avec lui.

D'après la rumeur publique, il paraît que les forces allemandes auraient capturé un blessé; leurs pertes sont ignorées.
Cette opération a produit un certain émoi dans la population des villages voisins.

Procès-verbal de gendarmerie du 22 février 1945.

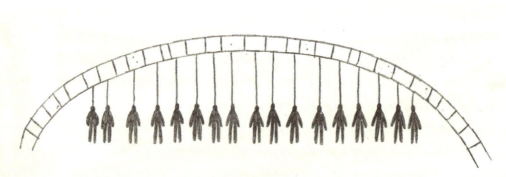

Une dizaine d'hommes de Bir-Hakeim revient au village pour y récupérer des armes planquées dans des caves. Des habitants les cachent dans une grange du hameau des Crottes. Mais les Allemands déclenchent une grande offensive contre les maquis de la région. Le 2 mars 1944, la division SS Hohenstaufen pend 17 hommes aux différentes entrées de Nîmes. Au cou des suppliciés, des écriteaux : « *Ainsi périront les terroristes français.* »

Les SS prennent ensuite la route de mon village. Ils encerclent les Crottes à l'aube du 3 mars. Les hommes de Bir-Hakeim, prévenus la veille, ont pu fuir, mais ils ont oublié un casque et une cantine militaire, preuves de leur présence, et de la complicité villageoise. Des coups de feu retentissent. Une fumée s'élève au-dessus du hameau.

Le lendemain, on retrouve les maisons éventrées, et les corps des villageois dans un champ. Les Allemands ont fusillé les hommes et les adolescents, puis les femmes, de dos, face aux cadavres de leurs maris et enfants.

Les SS responsables du massacre des Crottes

Ernst Gütmann, ancien journaliste berlinois, dirigeait le peloton d'exécution aux Crottes. Jugé en juin 1953 à Marseille pour « crimes de guerre », il expliquera qu'il n'a fait que suivre les ordres. Il écopera de vingt ans de travaux forcés mais n'en purgera que quelques années.

Son supérieur, le général Bittrich, commandant de la division SS Hohenstaufen, prendra cinq ans, couverts par la détention préventive. Il finira sa vie dans son village, avec le titre de président des anciens SS de Bavière.

HIVER 2020 —XXI—75

Deux jours après le massacre, un berger découvre un seizième corps dans les bois. On l'enterre avec les autres, dans le silence de la guerre. Je repense alors au « *jeune héros* » sacrifié dont Christian de Roquemaurel parle dans ses mémoires. Et s'il n'avait pas été fait prisonnier par les Allemands ? Si c'était lui, l'inconnu ? Roquemaurel donne un nom : « *Desandre* ».

ans une cérémonie en hommage au maquis, j'ai croisé une femme de 90 ans, Denise Guilhem. À 16 ans, en 1944, elle fabriquait des faux papiers pour Bir-Hakeim. Je la rappelle, lui dis que je recherche un certain « Grand-Père » qui s'appellerait Desandre. Un murmure me répond : « *Mon Dieu, "Grand-Père".* » Quelques jours plus tard, je suis chez elle. Elle conserve des photos des jeunes patriotes. Sur l'une, un jeune homme sérieux en costume. Une légende indique : « *Grand-Père alias Désandré* ». J'ai la réponse que j'attendais.

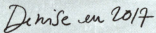

Bir-Hakeim est finalement décimé fin mai 1944. Son fondateur, Jean Capel, et trente-trois de ses hommes sont tués par une division SS en Lozère. Vingt-sept autres sont faits prisonniers, torturés la nuit suivante et fusillés à l'aube. Il ne reste plus que quelques membres de ce maquis.

Avec le nom de Desandre, je déniche aux archives militaires du fort de Vincennes le dossier d'un jeune résistant. Une fine chemise cartonnée. Dès la première page, je lis toute la vie de mon inconnu : René Desandre.

Son père, Auguste Desandre, a appris le sacrifice du fiston dans les bois, mais on lui a dit que les Allemands avaient emporté le corps. Il a passé le reste de sa vie à le chercher. Après-guerre, il a déposé une « demande d'homologation FFI », pour que René soit reconnu résistant.

Christian de Roquemaurel a signé les attestations. Agrafée au dossier, une photo d'identité. La même que celle découverte chez Denise Guilhem. Ce visage un peu enfantin, très sérieux.

René Desandre était tourneur-outilleur,

né le 15 janvier 1923 à Paris, où son père,

immigré italien, conduisait des taxis.

Fuyant la capitale à 20 ans,

René rallie Bir-Hakeim

le 3 septembre 1943 à Douch,

une semaine avant le premier combat.

Il y devient sergent-chef début février 1944.

Quelques semaines

avant de mourir.

Le 2 mars 2019, je suis revenu à Labastide-de-Virac raconter ce que j'avais découvert. L'ancienne bergerie qui sert de salle commune était pleine à craquer. Quand j'ai projeté le visage de l'inconnu, le maire a proposé une minute de silence, « *à la mémoire de ce jeune homme* ». Une minute bouleversante.

Le lendemain, le village s'est réuni au cimetière, pour les 75 ans du massacre. Un adjoint s'est approché de la tombe étroite sur laquelle une plaque de marbre noir indiquait « Un inconnu ». Il l'a retournée. Au dos avait été gravé : « René Desandre ».

« Marc Loubet, un traître qui endosse tous les soupçons »

Depuis que l'inconnu a retrouvé son nom, la parole se libère dans mon village. Ceux qui refusaient de parler me confient à présent des détails. Cette libération brutale m'interroge beaucoup sur les raisons d'un si long silence.

Bien sûr, il y avait le traumatisme, après le massacre de quinze parents ou amis. Il y avait la concorde civile : dans tous les villages divisés sur la Résistance, il a fallu se taire pour continuer à vivre ensemble après-guerre. Et puis, parler du drame nécessitait d'évoquer Bir-Hakeim, et ce n'est pas commode. À Labastide, personne n'est à l'aise avec le souvenir de ces patriotes au destin tragique, courageux, mais tellement imprudents. À l'école, on apprend une histoire souvent très pure de la Résistance. Il n'est jamais simple d'entrer dans les zones grises.

Le secret du village

Mais dans mon village, il y avait autre chose. Un secret, auquel je me suis heurté. Les habitants ont toujours été convaincus que l'un d'entre eux avait dénoncé le maquis, provoquant le massacre du hameau. Des noms circulaient. Un homme a même été tué, à l'été 1944, et ses descendants habitent toujours Labastide. Au fond, le village avait peur que je remue le passé. Mais en enquêtant pour trouver l'inconnu, j'ai appris que Bir-Hakeim avait été infiltré par un milicien. Un ami d'enfance de Christian de Roquemaurel, Marc Loubet (23 ans), avait intégré le maquis pour dénoncer les patriotes, et ceux qui les aidaient. Des gendarmes l'ont arrêté par hasard, le 2 mars 1944 au soir, à la veille du massacre des Crottes. Il quittait la région, avait des armes dans sa voiture. Il a dit aux gendarmes qu'il était milicien, en mission d'infiltration dans le maquis.

Une réconciliation

Il s'est retrouvé en prison, jusqu'à ce que son chef, dans la Milice, confirme que Marc Loubet était l'un de ses agents les plus précieux. Bir-Hakeim a eu des doutes en apprenant la libération rapide du garçon. Les résistants ont essayé de l'enlever, mais il s'est échappé, et se serait enfui avec les Allemands lors de leur retraite.

Le 2 mars 2019 au soir, dans la salle polyvalente, j'ai raconté aux habitants l'histoire de ce traître. Il a ainsi endossé tous les soupçons qui pesaient jusque-là sur des familles du village. Une sorte de réconciliation. Depuis, les muets deviennent bavards, et la tombe de René Desandre est tout le temps fleurie.

« Les habitants étaient convaincus que l'un d'entre eux avait dénoncé le maquis et provoqué le massacre. »

POST-SCRIPTUM

Un. espion à la maison

LE GOUVERNEMENT DE XI JINPING A ENVOYÉ UN MILLION DE « GRANDS FRÈRES ET SŒURS BIENVEILLANTS » SURVEILLER LES OUÏGHOURS CHEZ EUX, DANS LEUR MAISON. BIENVENUE AU CŒUR DU TOTALITARISME CHINOIS.

Par Darren Byler — Illustrations Romain Gautreau

Grands frères et sœurs bienveillants, visitez le peuple, élevez le peuple, rassemblez les cœurs des peuples.

Elle salive à l'idée d'un *polo*, un riz pilaf à l'agneau, aux carottes et au cumin. Expatriée aux États-Unis, Lu Yin, Han élevée en terre ouïghoure, dans le nord-ouest de la Chine, ferme les yeux et hume le souvenir de ce plat typique de la région. Bientôt les vacances, les visites aux proches restés dans le Xinjiang. Elle apporte des films, les dernières chansons à la mode, et rentre avec un goût d'enfance et de cumin dans le cœur. Elle atterrit dans une ville du sud de la province, célèbre pour ses réserves de pétrole, et l'oncle qui l'accueille roule en direction d'un village dont elle tait le nom. Lu Yin réclame : un *polo* !

L'oncle veut bien faire, mais désormais le *polo* se mérite. Tous les restaurants ouïghours du village-tenu-secret ont fermé. À leur arrivée en ville, à quarante-cinq minutes de là, l'auberge est déserte. Lu Yin a entendu parler des camps de « rééducation » dans lesquels le gouvernement interne les Ouïghours, musulmans et turcophones, mais elle suppose que le nombre de personnes enfermées est gonflé par la presse étrangère. « *Où sont passés les gens ?* », demande-t-elle. L'adresse est réputée, la salle résonne encore des rires et des conversations de la foule. Absente.

Quelques jours après, l'oncle propose à Lu Yin d'aller dîner avec sa tante dans une famille ouïghoure de sa connaissance. Eux pourront lui offrir le *polo* si désiré... La nuit est tombée quand il gare son 4×4 devant une petite hutte de terre. La maison n'a pas l'eau courante, une unique ampoule pend du plafond. Le repas est prêt. Lu Yin pense immédiatement qu'il a dû leur coûter une fortune. Le couple lui propose la meilleure partie de l'agneau, le gigot. Les formules de politesse expédiées, sa tante s'exclame :

« *Les Ouïghours sont si mauvais !* » Et leur hôte reprend : « *Oui, les Ouïghours sont si mauvais !* »

Très vite, le couple évoque en mandarin l'existence des « *centres de rééducation* » : « *Dans ces endroits, les gardiens demandent : "Qui vous donne votre pain quotidien ?" "Xi Jinping !" Si tu ne donnes pas la bonne réponse, tu n'as rien à manger.* » Leur ton banal et résigné déstabilise la jeune femme, comme le silence consentant de sa tante. Elle se ratatine sur sa chaise. Le reste du repas se déroule sur fond de phrases toutes faites, slogans de propagande, sur l'harmonie entre les peuples et la nécessité de combattre les forces diaboliques « *du séparatisme, de l'extrémisme et du terrorisme* ». Dans les blancs de la conversation se glisse ce refrain aussi anodin qu'un mot sur le temps qu'il fait : « *Les Ouïghours sont si mauvais !* »

Au moment de remonter dans le 4×4, Lu Yin demande à sa tante comment elle et ce couple ouïghour sont devenus amis. Face à elle, la femme semble se demander si sa nièce n'est pas devenue stupide. Ils ne sont pas « *amis* ». La famille ouïgoure leur a été « *assignée* ». Devenus, dans la novlangue du Parti, leurs « *grands frères et sœurs bienveillants* », ils sont chargés de leur « *rééducation* ». Comme un million d'autres civils han envoyés dans les maisons ouïghoures.

Lu Yin ne trouve plus le sommeil. Pour se confier,

elle choisit l'anonymat, par peur des représailles contre son oncle et sa tante. La machine totalitaire chinoise n'a pas seulement pénétré les cuisines du Xinjiang, elle a aussi infiltré l'esprit d'une jeune femme confortablement installée aux États-Unis, où je vis. J'ai passé deux ans dans cette province autonome du nord-ouest

84—XXI **Un espion à la maison**

Grands frères et sœurs bienveillants, faites baisser la garde de vos protégés mais ne leur faites pas la morale tout de suite.

de la Chine. Anthropologue, j'ai étudié les interactions sociales entre les Han et les Ouïghours. En 2018, je suis revenu à Ürümqi, la capitale régionale, et j'ai enquêté sur ce programme gouvernemental baptisé « Une grande famille unie ». J'ai interviewé des Chinois impliqués dans ce projet. Des « espions », pour la plupart des Ouïghours. Certains étaient des amis. Quand je suis rentré chez moi à Seattle, j'ai publié un article sur le site d'information China File. Les langues se sont déliées. Des dizaines de nouvelles personnes m'ont contacté. Des fonctionnaires han, des Ouïghours dévastés par la violence de ce programme de surveillance, mais aussi des expatriés aux États-Unis, comme Lu Yin, dont un père, un oncle ou un frère collaborent. Même de loin, ils se sentaient responsables. Coupables.

L'oncle de Lu Yin est un fonctionnaire local qui a toujours vécu dans le Xinjiang. D'autres sont venus de loin pour espionner leurs compatriotes. Le *Global Times*, le tabloïd chinois fidèle à la ligne du *Quotidien du peuple*, le journal officiel du Parti communiste, a écrit en novembre 2018 que 1,1 million de fonctionnaires avaient été assignés à plus de 1,7 million de citoyens issus des minorités ouïghoures et kazakhes. Il fait les comptes : plus de 49 millions de visites à des frères et sœurs ont permis de réaliser 11 millions de rééducations idéologiques depuis le début du programme, en 2016.

En réalité, tout commence deux ans plus tôt. Dès 2014, 200 000 membres du Parti sont chargés de « *visiter le peuple, élever le peuple et rassembler les cœurs des peuples* » en séjournant dans les villages ouïghours. En 2016, 110 000 fonctionnaires supplémentaires sont envoyés dans les familles qui comptent un membre emprisonné ou tué par la police.

Un million de civils travaillant pour le Parti ou pour des entreprises d'État

sont mobilisés à partir de 2017, pour aider l'armée et la police dans leur campagne de surveillance et d'occupation des foyers musulmans. Le gouvernement veut mener une « *politique douce* », fondée sur des programmes de « *compréhension mutuelle* » au sein des « *grandes familles* ». Un mensonge d'État : les « *grands frères et sœurs bienveillants* » peuvent recommander d'envoyer hommes et femmes dans des camps de « *rééducation* ». Un million et demi de personnes y croupiraient aujourd'hui, sur près de 12 millions de Ouïghours. Le plus grand internement de masse du XXIᵉ siècle.

Les voici donc qui débarquent dans les villages en groupes, les bagages remplis de nourriture, de bouilloires électriques, de cuiseurs de riz et autres cadeaux jugés utiles pour leurs hôtes. Souvent, les fonctionnaires han portent un équipement de randonnée flambant neuf : montagneux et désertique, le territoire du Xinjiang peut paraître hostile. Il est situé à la frontière de huit pays, dont l'Inde, la Russie, le Pakistan et l'Afghanistan. Le gouvernement maoïste a vite compris que pour commercer il devait étouffer toute volonté d'indépendance. Une politique de peuplement est organisée : en 1949, la région compte 200 000 Han. En 2015, ils sont 10 millions.

Avec le lancement des grands travaux d'infrastructures nécessaires à la nouvelle route de la soie, les terres et les entreprises des Ouïghours sont redistribuées à des Han. L'inflation explose, la pauvreté et le ressentiment avec. Manifestations,

Grands frères et sœurs bienveillants, vous ne pouvez pas lier d'amitiés.

répression… Quelques attaques violentes attribuées à des groupes ouïghours « *résistants* » pour les uns, « *séparatistes* » pour les autres, donnent les derniers arguments à de plus fortes punitions. Des « *centres éducatifs* », véritables camps d'internement, poussent dans la région. Le gouvernement de Xi Jinping considère aujourd'hui que la plupart des Ouïghours et un nombre significatif de Kazakhs sont des terroristes en puissance. Un « *cancer* » à soigner. Des bombes humaines à désamorcer. À rééduquer.

Pour seule formation, les « *grands frères et sœurs bienveillants* » parachutés dans le Xinjiang reçoivent un manuel. Celui de la préfecture de Kachgar, à la frontière avec le Kirghizistan, indique par exemple qu'ils doivent « *faire baisser la garde* » de leurs « *protégés* ». Se montrer « *chaleureux* ». « *Ne leur faites pas la morale tout de suite !* », est-il écrit. Pour gagner la confiance des parents, il est conseillé d'apporter des bonbons aux enfants. À cela s'ajoute une liste de questions du genre : « *Quand vous entrez dans la maison, les membres de la famille se montrent-ils fuyants, méfiants ?* », « *Y a-t-il des emblèmes religieux sur les murs ?* » Ils doivent aussi expliquer à leurs « *petits frères et sœurs* » que leurs communications téléphoniques et électroniques sont surveillées et qu'il ne leur sert à rien de mentir sur leur pratique de l'islam. Le manuel ordonne enfin d'aider les villageois à lutter contre la pauvreté « *en leur donnant des conseils pour gérer leur bourse et leur travail* ».

Les enfants sont les premiers à réagir à l'arrivée

des étrangers. Ils écoutent les salutations hésitantes des visiteurs, et quand ils voient les drapeaux brillants et le visage rond du chef de l'État épinglé à leur veste, ils savent d'instinct ce qu'il faut répondre : « *J'adore la Chine ! J'adore Xi Jinping !* » Très vite, les émissaires de l'État les prennent sous leur aile. Le matin, ils chantent pendant le lever du drapeau devant le bureau du Parti. Le soir, ils assistent aux leçons sur « *la Chine nouvelle* ». Entre deux, ils discutent en mandarin, regardent des émissions homologuées, s'exercent à la calligraphie chinoise et entonnent des chants patriotiques.

Les fonctionnaires prennent des notes et évaluent le niveau de loyauté des Ouïghours. Si un hôte accueille un voisin d'un « *salam aleykoum* », cela doit aussitôt être consigné. Est-ce un exemplaire du Coran, là, qui traîne dans la maison ? La famille prie le vendredi et jeûne pendant le ramadan ? Une petite sœur porte une robe trop longue ? Un petit frère a une barbe irrégulière ? Et pourquoi personne ne joue aux cartes ni ne regarde de films ?

Bien sûr, il arrive de séjourner dans une famille laïque « *saine* ». Peut-être a-t-elle un portrait de Xi Jinping ou des drapeaux chinois aux murs. Peut-être même que leurs enfants parlent le mandarin sans qu'on le leur demande. Les signes les plus importants ne sont pas toujours visibles. Alors les visiteurs sont priés de poser des questions. Leurs hôtes ont-ils des parents qui habitent dans des « *régions sensibles* » ? Ont-ils des connaissances à l'étranger ? Parlent-ils l'arabe ? Le turc ? Vont-ils à la mosquée en dehors de leur village ? Si les adultes ne répondent pas clairement aux questions, ou qu'ils semblent cacher quelque chose, il est impératif de questionner les enfants.

Par moments, les « *grands frères et sœurs* » se méfient des Ouïghours : malgré leur accueil chaleureux et leur loyauté envers la nation chinoise, malgré leurs sourires et leur laïcité affichée, ils peuvent prêter de sombres allégeances, avoir des inclinations indésirables pour des religions « *maladives* ». Il existe des moyens simples de les mettre à l'épreuve. Par exemple, leur offrir une cigarette ou une gorgée de bière. Tendre la main à une personne du sexe opposé, en guettant un éventuel tressaillement. On peut aussi aller acheter de la viande fraîche au marché et demander à la famille de préparer des boulettes. Si les Ouïghours demandent si par hasard ce ne serait pas du porc, ils sont cuits.

Toute anomalie est consignée dans un calepin,

puis sur une application en ligne, l'Ijop (Integrated Joint Operations Platform), dont je retrouve des traces de l'existence depuis 2016. Les fonctionnaires indiquent des éléments biographiques simples sur les « *petits frères et sœurs ciblés* », mais aussi des renseignements précis sur leur formation, leur religion et leurs précédents emplois. L'application recoupe ces informations avec les données bancaires et médicales, ainsi que l'historique de navigation de chaque individu sur les réseaux sociaux. Elle répertorie aussi la consommation électrique de la famille, l'utilisation de la voiture, et les invités reçus à la maison. La reconnaissance faciale permet ensuite aux caméras de surveillance, aux points de contrôle et aux GPS de vérifier si chacun participe bien aux activités de « *rééducation* », comme l'apprentissage du chinois et des chants patriotiques. Ces micro-indices permettent de déterminer si les hôtes sont autorisés à rester chez eux, ou s'ils doivent être envoyés dans des « *centres éducatifs* » pour que leurs défaillances soient corrigées par l'État. L'Ijop surveille toute la région.

Grands frères et sœurs bienveillants, notez si vos hôtes prient le vendredi.

Wang Lei participe avec enthousiasme à ce programme de surveillance. Originaire du Guangdong, le jeune homme a emménagé récemment dans le Xinjiang. Il demande à me rencontrer, probablement pour pouvoir exercer son anglais, étudié à l'université, et me parler de ses films américains préférés. Attablé devant un *polo* dans un restaurant animé de Kachgar, une ville traditionnelle ouïghoure remplie d'« espions » comme lui, il m'explique : « *J'ai entendu dire qu'au début des travailleurs han ont été tués dans un village ouïghour. Quand les femmes sont allées se promener après le dîner, des hommes leur sont tombés dessus et leur ont tranché la gorge.* » Il se passe le doigt au ras du cou. « *Les gens ordinaires comme nous ne mesurent pas l'ampleur de la menace terroriste. Il faut agir.* »

Le jeune homme estime le danger du terrorisme aujourd'hui écarté, même si les « *grands frères et sœurs* » n'ont toujours pas le droit de se promener seuls quand ils séjournent chez leurs « *hôtes* ». On leur demande de se déplacer par groupes de trois, avec au moins un fonctionnaire masculin.

Wang Lei est fier de jouer le rôle de « *grand frère* » et d'apporter la civilisation han à la société ouïghoure. « *Ils manquent d'instruction*, dit-il. *Ce n'est pas de leur faute s'ils pratiquent des formes extrêmes d'islam. Ils sont influencés par des fanatiques. Ils ne se rendent pas compte.* » Pour lui, les camps ressemblent à des centres de désintoxication : très pénibles pour les internés, mais absolument nécessaires. Reprenant le vocabulaire utilisé dans les médias chinois, il assure que l'islam radical est une « *maladie* » qu'il faut à tout prix « *éradiquer* ».

S'il aime les films américains, d'autres me disent adorer les productions chinoises. Le film d'action nationaliste *Wolf Warrior 2*, qui raconte comment un soldat chinois sauve des civils africains d'une bande de « terroristes », est souvent cité. Dans le Xinjiang, j'ai entendu des habitants s'appeler « *camarades* », un terme qui n'est plus employé dans le langage courant depuis la fin de la période maoïste, dans les années 1970. La persécution des musulmans nourrit le souffle patriotique.

Zhang Mei aime les chats et Lady Gaga. Comme Lu Yin, la jeune femme qui a découvert le calvaire des Ouïghours en cherchant à déguster un *polo*, elle vit aujourd'hui aux États-Unis. Elle m'écrit pour partager le vécu de son père, cadre moyen dans une entreprise d'État à Ürümqi, envoyé dans des villages « sensibles » parmi les premiers, dès 2016. D'après elle, son père a été « *forcé* » d'accepter cette mission. Il a dû sacrifier une partie de sa vie privée, renoncer à son travail de bureau. D'autres m'ont raconté que leur emploi de médecin, d'éditeur… et leur vie citadine leur manquaient. Tous affirment qu'ils auraient perdu leur poste s'ils avaient refusé de participer au programme de rééducation. Tout en avouant qu'à la fin du projet « Une grande famille unie » ils bénéficieraient d'une promotion. La surveillance est chronophage. Selon Zhang Mei, son père dort à peine six heures par nuit en moyenne.

Il faut recueillir les informations, remplir les formulaires, assister aux réunions, pas le temps de se reposer. « *Tous les jours, il me dit combien il est pénible d'être là-bas. Et pourtant, il doit faire son devoir, tout en tentant de réconforter les Ouïghours. Vous pensez sûrement que ce n'est rien comparé aux musulmans qui ont perdu leur famille.*

Grands frères et sœurs bienveillants,
adoptez des enfants ouïghours.

Mais à mes yeux, mon père est un héros qui se bat contre l'injustice. »

Plusieurs jours après cet échange, je rapporte ces propos à mes amis ouïghours. Ils ont un rire amer : le père de Zhang Mei prétend-il vraiment ménager les sentiments des villageois tout en surveillant leurs moindres faits et gestes ? De leur point de vue, lui et les autres sont des espions du gouvernement. S'ils les accueillent chez eux et se montrent amicaux, c'est juste par peur de représailles.

Je partage leurs réactions avec Zhang Mei qui m'écrit en retour : « *C'est facile de se moquer et de se méfier de tout le monde, pourtant il existe encore des gens qui cherchent des solutions.* » Pour elle, son père « *résiste* ». Il tâche de se montrer compréhensif quand le gouvernement lui demande d'être inflexible. « *Mon père n'est pas un espion. Il fait de son mieux. La dernière fois que je l'ai vu, il avait perdu 5 kilos à cause du stress. Tous les jours, il me répète que sa position est très difficile.* »

À mesure qu'elle défend son père, Zhang Mei tient des propos de plus en plus islamophobes. Elle est persuadée que le Xinjiang a longtemps été un « *terreau pour le terrorisme* », car les villages très pauvres favorisent la montée du « *fanatisme* ». Son père sécurise la région, tout en aidant les musulmans à comprendre l'importance de la laïcité. Ceux qui éprouvent des difficultés à s'intégrer à la « *culture dominante* » doivent être envoyés dans des camps « *d'éducation* » ou sommés de suivre des cours d'instruction civique le soir et le week-end. Les valeurs laïques et la langue chinoise sont la solution. « *Le Xinjiang pourrait devenir le nouveau Yunnan !* », dit-elle en évoquant une province prospère qui attire de nouveaux habitants. « *Malheureusement, les Ouïghours ont perdu toute confiance en notre gouvernement et ses représentants.* »

On trouve sur Internet des « articles » écrits par des employés han. Leurs histoires racontent la « *grande famille unie* » chère au chef de l'État. Les photos montrent des sourires, des repas partagés, des enfants fiers posant devant le portrait de l'« oncle Xi », des visages encadrés par deux émissaires du gouvernement, des corps serrés sur des canapés, figés devant des programmes télé censurés. Une « *grande sœur* » raconte qu'elle a demandé à un vieux Ouïghour de regarder avec elle l'allocution d'un dirigeant du Parti. « *J'avais l'impression d'être sa fille !* », s'extasie-t-elle, sans ironie.

Quand je leur pose la question, les fonctionnaires avouent être obligés de publier leur vécu sur ce type de site. Tous reconnaissent qu'en public ils doivent exprimer leur soutien inconditionnel à la campagne. Certains comparent l'époque avec la Révolution culturelle. Si vous refusez la ligne du Parti, vous êtes ostracisé et risquez la prison. Si vous collaborez, vous avez une chance de vous en sortir. Dans ce régime totalitaire d'un nouveau type, la peur habite chaque camp.

D'autres font du zèle. Sur Internet, une certaine « Xingyun Cao » raconte qu'elle se rend tous les jours dans les mosquées construites « *illégalement* ». Pendant le ramadan, elle faisait partie de ceux qui vérifiaient que les villageois ne priaient pas « *en cachette* » et ne possédaient pas l'un des « *26 signes d'extrémisme* », qui incluent des objets de piété et des matériaux inflammables. Elle a « *par hasard* » intercepté des fermiers avec des allumettes. Une véritable « *menace terroriste* ». Elle a aussitôt racheté les trois cents boîtes et les a détruites.

Certains font des cadeaux, malgré les instructions du manuel : « *Surtout, ne reniez pas vos principes, ne liez pas d'amitiés, ne vous laissez*

pas influencer. » Quand ils « accueillent » un espion, les Ouïghours s'activent en cuisine, nettoient la maison, travaillent moins, et le dédommagement prévu par le gouvernement (7 euros) ne compense pas les frais engagés. Certains fonctionnaires offrent un peu d'huile, du riz, des tables, des lampes de lecture, « à la chinoise », alors que les Ouïghours préfèrent poser simplement une nappe sur un meuble bas. Dans leurs rapports, des visiteurs décrivent cette tradition ancienne comme une « *aberration* ». Ils offrent des meubles bon marché, sortis de la chaîne d'usines chinoises. Des « *hôtes* » posent avec leurs « *grands frères et sœurs* » sur des canapés de mauvais goût, sourire crispé. Parfois, les familles ouïghoures entreposent les cadeaux dans un coin. Quand les fonctionnaires reviennent, ils ne comprennent pas pourquoi leurs offrandes sont cachées et guère utilisées.

Deux « espions » racontent se sentir parfois rejetés par certaines familles du Xinjiang.

Ils espéraient que cette cohabitation se transformerait en amitié. Le slogan ne disait-il pas : « *Visiter le peuple, élever le peuple et rassembler les cœurs des peuples* » ? Ils se disent « *attristés* » du « *manque d'ouverture* » de leurs compatriotes musulmans. Auparavant, ils n'avaient jamais rencontré de Ouïghours. S'ils savaient à quoi ressemblait leur vie avant leur arrivée, ils comprendraient peut-être leur colère. Mahmoud, un jeune Ouïghour qui

Grands frères et sœurs bienveillants,
vous pouvez recommander d'envoyer vos hôtes dans des camps de rééducation.

requiert aussi l'anonymat, s'émeut : *« Peu de fonctionnaires han ressentent de la sympathie pour nous, fermiers, après avoir été témoins de nos conditions de vie misérables. En général, ils nous méprisent encore plus. Leur sentiment de supériorité en ressort renforcé. »*

Envoyer des émissaires du gouvernement dans chaque maison ouïghoure est aussi une manière de saper l'autorité des parents, de briser les familles. Les témoignages que je recueille parlent d'infantilisation, d'humiliation et d'effroi. Mahmoud se désespère : *« Maintenant qu'ils nous prennent nos familles et notre religion, il ne nous reste plus rien. »* Chez lui, tous les enfants suivent une *« scolarité patriotique »*. *« Ils ne répondent plus en ouïghour, seulement en chinois »*, se lamente-t-il. Dans de nombreuses écoles, le mandarin est la seule langue enseignée. De nombreux enseignants ouïghours ont été envoyés dans les camps, accusés d'être *« hypocrites »* par rapport à la politique gouvernementale. *« Un peuple, deux visages »*, dit le Parti…

« Ils veulent nous prendre nos enfants ! », tremble Alim, un autre jeune homme, jean slim, montre connectée, chinois courant. Son frère aîné a été envoyé dans un camp en janvier 2018. Sa faute ? Des vacances en Turquie. Sa belle-sœur, depuis, se méfie des fonctionnaires qui séjournent chez elle. Alim a peur qu'elle ne se montre pas suffisamment coopérative, et qu'elle soit envoyée à son tour en rééducation. Qu'adviendra-t-il alors de leurs enfants ? Alim voudrait s'occuper de ses nièces et de son neveu, mais il sait que le gouvernement ne le laissera pas faire. Il a entendu tant de témoignages

Darren Byler
Anthropologue à l'université de Boulder, dans le Colorado, Darren Byler parle chinois et ouïghour. Il étudie le « capitalisme de la terreur » dans le Xinjiang et la façon dont les discours autour du terrorisme et de l'islamophobie créent de nouvelles formes de racisme, en Chine et ailleurs.

Romain Gautreau
Illustrateur et motion designer indépendant, il développe notamment les visuels d'un projet familial de chocolaterie à Strasbourg : Cacao Experience.

de familles à qui l'on a interdit de prendre en charge les enfants de parents placés en détention… *« Si cela arrive, les petits deviendront pupilles de l'État. »* Écœuré, il évoque son neveu de 8 ans, qui ne parle presque plus depuis la *« disparition »* de son père. *« La dernière fois que je l'ai vu sourire, on lui avait offert un cadeau en lui disant que ça venait de son père. On répétait qu'il était en mission à Pékin pour le travail. Il était tellement heureux, ce jour-là… »*

Lu Yin, la jeune femme qui ne goûtera plus jamais de la même manière le *polo*, se souvient qu'un jour, qui lui semble tout à coup très lointain, englué dans un passé moite, sa tante avait été émue aux larmes par une femme ouïghoure qui nettoyait la rue, vêtue en orange, un masque sur le visage pour se protéger de la poussière et de la honte. Elle se désolait de voir que même les personnes instruites ne pouvaient trouver mieux qu'un travail de balayeur ou de vendeur de kebab.

Lu Yin se souvient, et ne comprend pas comment en si peu de temps le racisme a pu s'infiltrer partout, même dans les esprits des proches, de ceux qu'on croyait intelligents, à l'abri.

Aux États-Unis, la jeune femme travaille pour les droits des minorités. Noirs, métis, Hispanos…, il lui semble de son devoir de les défendre. En Chine, sa famille ne bâtit aucun parallèle : les Ouïghours, assurent-ils, sont *« bien pires que les Noirs »*. Et puis, de toute façon, ils ne lui parlent plus de la situation politique. Ils ne parlent plus de rien. Ils entonnent des phrases toutes faites qui la paralysent. Écrasés par la grande machine totalitaire, ils ont arrêté de penser. **XXI**

TRADUCTION CAROLE DELPORTE

Matricule n°9

Le 29 janvier 2017, **Aynur*,** une ingénieure ouïghoure de 53 ans, disparaît dans un commissariat de la province du Xinjiang, à l'ouest de la Chine. Après quelques mois passés en prison, elle est enfermée dans une « école ». En fait, un camp pour femmes. Libérée à la fin de l'été dernier après une intense campagne médiatique, Aynur est aujourd'hui réfugiée en France. Elle témoigne pour la première fois.

« Ma famille, ouïghoure, est originaire de Yining, à l'extrême ouest de la Chine. Petite, je rêvais d'être médecin mais les autorités chinoises m'ont obligée à entrer dans une école d'ingénieur. J'y ai rencontré mon mari. En 1988, nous nous sommes installés dans la ville pétrolière de Karamay, une cité nouvelle, bordée par les derricks et le désert. Nous vivions dans un appartement moderne, avec deux bons salaires. On envoyait de l'argent à nos proches. Mais mon mari ne supportait pas les discriminations que les Han, majoritaires, nous faisaient subir : avancement bloqué, primes moins importantes... Je l'ai rejoint en France en 2006 avec nos deux filles. À chaque fois que je rendais visite à ma famille, je voyais la situation politique se dégrader. Après les grandes émeutes de 2009 à Ürümqi, la capitale du Xinjiang, les contrôles et la répression se sont accrus contre les Ouïghours. J'ai fini par ne plus y aller.

Ils scannent mes yeux, enregistrent ma voix, filment mon visage à 360 degrés

En novembre 2016, mon ancien patron insiste pour que je vienne à Karamay toucher ma retraite. J'hésite. Il insiste. Les policiers m'attendent dans son bureau. Ils saisissent mon passeport. Je ne peux plus quitter le territoire. Deux mois plus tard, je suis convoquée au commissariat et arrêtée. Les policiers de la force de sécurité intérieure me reprochent la participation de mon mari et de ma fille aînée à deux manifestations à Paris contre la répression chinoise. Ils me montrent une photo d'elle place du Trocadéro, parée d'un drapeau ouïghour. Ils relèvent mes empreintes digitales, me font une prise de sang et prélèvent mon ADN. Ils scannent aussi mes yeux, enregistrent ma voix et filment mon visage, à 360 degrés. Après six mois de prison les chaînes aux pieds, je suis envoyée « à l'école ».

Mon « école » ressemble à un bâtiment administratif sauf qu'il y a des barbelés, des gardes armés et des caméras partout. C'est un camp de femmes. Je suis désignée chef de cellule. Matricule n° 9. Mon rôle est de faire respecter la discipline auprès de mes onze codétenues. Nous avons interdiction de parler ouïghour, sous peine d'écoper d'une punition collective : laver les couloirs à genoux, pendant une semaine. Deux femmes filmées en train de prier en cachette

TÉMOIGNAGE

Une des très rares images des camps où sont enfermés les Ouïghours. Des détenus du « centre d'éducation et de formation numéro 4 du comté de Lop » (préfecture de Hotan), dans la province de Xinjiang, sont en train d'écouter un discours de « déradicalisation ». Cette photo a été publiée en avril 2018 par une agence gouvernementale chinoise sur l'un de ses médias sociaux officiels.

sont rabrouées publiquement et envoyées en prison.

Nous sommes réveillées au son du sifflet à 6 heures. Avant et après le petit déjeuner – un bol de soupe de chou-fleur –, il faut remercier en chœur « *la Chine, le parti, et Xi Jinping* ». On n'a pas le droit de s'essuyer la bouche ou de se laver le visage en utilisant nos deux mains : trop musulman. Sinon, vingt-quatre heures en isolement, assis sur une chaise. Le reste de la journée se partage entre les cours de mandarin, d'histoire chinoise et d'idéologie. Gymnastique et danses traditionnelles pour se détendre. Nos connaissances sont testées toutes les semaines, avec une série de questions pièges. Nous devons aussi régulièrement faire notre autocritique.

Je pense qu'on nous a stérilisées

Je n'ai pas entendu parler de viols. Et contrairement à d'autres femmes, je n'ai jamais eu à subir de violences physiques. Mais je pense que les autorités du camp nous ont stérilisées. On nous a inoculé plusieurs « vaccins » tous les six mois et aucune jeune femme n'avait ses règles. L'hiver, les températures tombent à -15 °C. Je dors peu, les néons sont allumés en permanence. Je m'évade pendant la sieste. Je fais apparaître des images de mes filles, de mon mari, de la France. Le directeur nous annonce que la rééducation pourrait se prolonger encore trois ans.

J'ignore qu'en France ma fille aînée se démène pour me faire sortir. Elle fait part à l'ambassade de France à Pékin des rumeurs sur les camps : « *Vous délirez, madame.* » Elle envoie des courriers au ministre français des Affaires étrangères, au président de la République, aux journaux. En vain. En octobre 2018, elle lance une pétition en ligne qui recueille 300 000 signatures. Elle passe à la télévision.

Quand le directeur du camp m'annonce que je peux sortir, je n'éprouve aucune émotion. Le jour même, je suis condamnée à sept ans de réclusion et repars en prison. Je dois attendre mars 2019 pour passer mon premier coup de fil. On m'attribue alors un appartement, sous surveillance. Je reprends du poids ; j'avais perdu 15 kilos. Le 29 août, je suis conduite à l'aéroport, direction Roissy.

La police de Karamay m'a fait promettre de dire à mon mari et à ma fille de se tenir tranquilles. Et de ne pas parler des camps. Quatre membres de ma famille y sont toujours enfermés. »

PROPOS RECUEILLIS PAR CAMILLE LE POMELLEC

* Le prénom a été modifié.

Du pétrole et de la soie

Bordant huit pays, dont l'Inde et la Russie, la région du Xinjiang (« nouvelle frontière » en mandarin) est une zone stratégique pour Pékin, qui veut y maintenir l'ordre à tout prix. Son sous-sol est extrêmement riche. Elle recèle les principales réserves chinoises de gaz et de pétrole, ainsi que des gisements d'uranium et de terres rares.

Le Xinjiang est aussi une région clé dans le grand projet chinois de « Nouvelles Routes de la soie », un maillage de routes, de voies maritimes et de chemins de fer construits à travers le continent asiatique pour relier plus rapidement la Chine à l'Europe et au Moyen-Orient. Lancé en 2013 par Xi Jinping, cet ambitieux programme se traduit par des investissements faramineux dans les 65 pays concernés. Montant total : 1 000 milliards de dollars. Grâce à ces routes, Xi Jinping espère étendre l'influence chinoise bien au-delà de ses frontières.

Qui sont les Ouïghours ?

Les Ouïghours sont des musulmans turcophones vivant dans la région du Xinjiang. Ils représentent environ 45 % de la population de la province, contre 40 % pour les Han, l'ethnie majoritaire dans le pays. D'autres minorités musulmanes, comme les Hui ou les Kazakhs, vivent dans cette région. On le sait moins mais elles endurent la même répression.

Le peuple ouïghour a une longue tradition de résistance et d'indépendance. Conquise par la dynastie Ching au XVIIIe siècle, la région isolée du Xinjiang échappe au gouvernement central. En 1933 surgit une République du Turkestan oriental, qui s'effondre en quelques mois. Une seconde « République » apparaît en 1949, mais son existence est tout aussi éphémère : cette année-là, l'Armée populaire de libération de Mao envahit le Xinjiang et reprend le contrôle de la région.

POUR ALLER PLUS LOIN

La « réforme de la pensée »

Les camps de rééducation du Xinjiang sont loin d'être une exception dans l'histoire chinoise. Depuis les années 1940, Pékin s'inscrit dans la pratique de la « réforme de la pensée ». À l'époque, les maoïstes affrontent les nationalistes du Kuomintang et soumettent leurs adversaires à des lavages de cerveau qui mêlent torture et propagande communiste. La « réforme de la pensée » culmine en 1966, pendant la Révolution culturelle, lorsque intellectuels et contre-révolutionnaires sont soumis à des humiliations publiques et envoyés avec les marginaux dans les *laogai*, des camps de rééducation par le travail semblables au goulag soviétique. Ces prisons ont été officiellement abolies en 2013, mais le sort des Ouïghours prouve qu'elles perdurent sous d'autres noms.

La répression s'accélère

Années 1990-2000 Accélération de la colonisation han dans le Xinjiang.

Juillet 2009 Des affrontements entre Ouïghours et Han éclatent à Ürümqi, la capitale du Xinjiang, et font 197 morts et près de 2 000 blessés, en grande majorité des Han.

Novembre 2012 Xi Jinping succède à Hu Jintao et devient secrétaire général du Parti communiste chinois.

Octobre 2013 Une voiture chargée de bidons d'essence fonce dans la foule sur la place Tian'anmen à Pékin. L'attaque est imputée à des séparatistes ouïghours.

Mars 2014 Des assaillants armés de couteaux tuent 31 personnes dans la gare de Kunming, dans le Yunnan. Des *« terroristes »* venus du Xinjiang, selon les autorités.

Mai 2014 Début de la campagne « Frapper fort contre le terrorisme violent » menée par Pékin. Le nombre d'arrestations bondit au Xinjiang. 200 000 Han sont envoyés chez des Ouïghours pour repérer des signes de « radicalisation ».

Août 2016 Chen Quanguo devient gouverneur de la province du Xinjiang. Il vient de passer cinq ans à étouffer toute rébellion au Tibet. Ses méthodes : forte présence policière, surveillance de masse et détentions arbitraires.

2016-2017 Des activistes et des associations révèlent l'existence de camps de rééducation forcée. Pékin nie.

Mars 2017 Le port d'une barbe *« anormalement longue »* et du hijab est interdit dans le Xinjiang.

Octobre 2018 La Chine reconnaît la présence de *« camps de formation professionnelle »* pour rééduquer les individus influencés par une *« idéologie extrémiste »*.

Janvier 2019 Pékin adopte un plan quinquennal pour *« guider l'islam afin de le rendre compatible avec le socialisme »*.

Novembre 2019 Révélée par le *New York Times*, une fuite de 400 pages de documents internes au Parti communiste chinois confirme le programme d'internement de masse des Ouïghours sous les ordres de Xi Jinping.

La Chine « musclée » de Xi Jinping

Le président Xi Jinping règne d'une main de fer sur le territoire chinois. Sa stratégie : le rapport de force. Dès son arrivée au pouvoir, il lance une vaste campagne contre la corruption pour éliminer ses rivaux. Il accroît la répression dans le Xinjiang, mais aussi à Hongkong, où un projet de loi visant à faciliter les extraditions vers la Chine a déclenché de violentes manifestations l'an dernier. Beaucoup de Hongkongais redoutent que le texte soit utilisé pour incarcérer des dissidents, alors que la ville portuaire bénéficie encore d'un haut degré d'autonomie.

Le bras de fer se poursuit à l'étranger. Face à l'Amérique de Donald Trump, Xi Jinping mène une guerre commerciale aux accents nationalistes. Le nouveau timonier étend également son influence en mer de Chine, un espace contesté, en construisant des bases sur des îlots, ce qui déclenche la colère des Philippines ou du Viêtnam, qui naviguent aussi dans ces eaux disputées. Le président chinois cultive l'image d'un dirigeant autoritaire, inflexible. *« Xi Jinping a bien étudié Machiavel : mieux vaut être redouté qu'être aimé »*, analyse le sinologue Jean-Pierre Cabestan dans le *New York Times*.

HIVER 2020 —XXI—**95**

Fichés jusqu'au sang

Chaque citoyen du Xinjiang dispose d'une carte d'identité biométrique contenant de nombreuses informations personnelles, comme l'empreinte digitale, la photo de l'iris ou encore le groupe sanguin. Des échantillons d'ADN ont même été collectés, selon l'organisation non gouvernementale Human Rights Watch.

Ils ont été recueillis lors de « bilans de santé » gratuits menés à partir de 2016 auprès de millions de Chinois. D'après les autorités, les patients étaient volontaires. Mais Human Rights Watch a recueilli des témoignages de Ouïghours ayant reçu de fortes pressions pour y participer. Quiconque refusait était considéré comme suspect. Beaucoup de patients n'ont d'ailleurs jamais reçu leurs résultats. « *La collecte obligatoire des données biométriques, dont l'ADN, d'une population entière est une violation flagrante des règles internationales en matière de droits de l'homme*, s'est alarmée Sophie Richardson, directrice Chine pour Human Rights Watch. *Ce qui est encore plus dérangeant, c'est que ce soit fait clandestinement, sous couvert d'un bilan de santé gratuit.* »

POUR ALLER PLUS LOIN

Photographier l'invisible

Début 2019, une fuite de données révèle que l'entreprise chinoise SenseNets traque la localisation de plus de 2,5 millions de citoyens musulmans. Pour raconter cette surveillance invisible, le photographe Maxime Matthys s'est rendu dans le Xinjiang puis a traité ses images sur des logiciels de reconnaissance faciale, similaires à ceux utilisés par le gouvernement.

Un laboratoire sécuritaire

Ces dernières années, la Chine a massivement investi dans la surveillance. Dans le Xinjiang, les postes de police et les checkpoints se sont multipliés, et des QR codes ont été installés sur les mosquées et les maisons, afin que les autorités puissent facilement recueillir des informations. La région fourmille de caméras capables de reconnaître les visages et de croiser ces données avec celles recueillies lors de contrôles médicaux, d'interrogatoires, de fouilles de téléphone… Pékin dispose d'une gigantesque base de données sur les Ouïghours. Ils sont devenus les cobayes d'innovations technologiques et répressives amenées à s'étendre au reste du pays.

Les techniques de reconnaissance faciale expérimentées en Chine font partie des plus sophistiquées au monde, et leur déploiement est scruté par les puissances étrangères, dont les États-Unis et la France. Néanmoins, dans notre pays, la reconnaissance faciale à chaque coin de rue n'est pas pour demain. La région Provence-Alpes-Côte d'Azur avait donné son feu vert pour expérimenter des comparaisons faciales à l'entrée des lycées, notamment pour éviter les intrusions. Mais, en octobre dernier, la Commission nationale de l'informatique et des libertés (Cnil) a estimé que l'initiative était illégale, jugeant le dispositif *« ni nécessaire ni proportionné »*. Le secrétaire d'État au numérique, Cédric O, se dit *« extrêmement partagé »* sur le sujet : *« On en voit très bien l'utilité, par exemple pour identifier des terroristes dans une foule, mais aussi les risques,* a-t-il déclaré au *Monde. Il faut donc en définir très clairement le cadre et les garanties pour éviter la surveillance généralisée. »*

> Pour recueillir facilement des informations, des QR codes sont installés sur les mosquées et les maisons.

MAXIME MATTHYS

Voyage au pays des Ouïghours
de Sylvie Lasserre
Éd. Cartouche, 2010
En 2009, alors que des affrontements viennent d'ensanglanter Ürümqi, l'auteure se rend clandestinement dans le Xinjiang. Elle observe la répression, la lente disparition de la culture ouïghoure et confronte ses informations avec celles de Rebiya Kadeer, militante ouïghoure des droits de l'homme en exil.

La Chine sous contrôle
de François Bougon
Éd. Seuil, 2019
En 1989, tout le monde prédit la chute du régime chinois. Trente ans plus tard se dresse la Chine de Xi Jinping, répressive et ambitieuse. Spécialiste de la Chine, le journaliste François Bougon décrit la dictature qui se déploie sous nos yeux.

Parmi les loups et les bandits
d'Atticus Lish
Éd. Buchet/Chastel, 2016
L'errance de Zhou Lei, clandestine d'origine ouïghoure, dans les bas-fonds de New York. La jeune femme cumule boulots ingrats et séjours en prison, jusqu'à sa rencontre avec Brad Skinner, un vétéran de la guerre d'Irak. Lauréat du grand prix de littérature américaine, Atticus Lish signe un roman hanté par les ouvriers et les migrants, chair à canon du rêve américain.

Ouïghours, à la force des camps
d'Angélique Forget et Antoine Védeilhé
France 24 / Arte, 2019
Une solide enquête sur les camps d'internement. Alors que la Chine empêche tout reportage indépendant dans le Xinjiang, les deux journalistes parviennent à restituer la réalité des camps grâce aux témoignages de Ouïghours exilés au Canada, en Turquie ou en Finlande.

/ À LIRE, À VOIR

La conquête du Nord

C'EST LA DERNIÈRE FRONTIÈRE.
UNE TERRE VIERGE, IMMACULÉE,
QUI N'APPARTIENT ENCORE
À PERSONNE. MAIS POUR
COMBIEN DE TEMPS ? AVEC LE
RÉCHAUFFEMENT CLIMATIQUE,
DE NOUVELLES VOIES MARITIMES
SE SONT OUVERTES EN ARCTIQUE.
AVEC ELLES, DES POSSIBILITÉS
DE COMMERCE, D'EXTRACTION
DE RESSOURCES... LA COMPÉTITION
MONDIALE S'ORGANISE. UNE
NOUVELLE GUERRE FROIDE.

Un récit photo de Louie Palu

Le photographe Louie Palu s'est rendu dans le Grand Nord canadien et américain. Là, il a rencontré des soldats qui se préparent à affronter **un ennemi encore imaginaire.** Au temps de la Guerre froide, le bloc de l'Ouest craignait d'être bombardé par des missiles russes via le pôle Nord. Cette fois, d'où viendra la menace ? Ces Canadiens cherchent un point de vue sur la carcasse d'un avion qui s'est écrasé à cause du blizzard.

100—XXI **La conquête du Nord**

« C'est le moment pour l'Amérique de s'impliquer dans le futur de l'Arctique. Loin d'être une zone reculée, c'est une terre d'opportunités et d'abondance. »

Le secrétaire d'État américain Mike Pompeo, en visite au nord de la Finlande en mai 2019

Les États qui entourent l'Arctique se disputent la zone. En 2007, la Russie a planté un drapeau sous le pôle Nord, signalant son désir de conquête. En 2013, le Canada a installé une base dans la province du Nunavut pour réaffirmer sa souveraineté sur **une route stratégique,** le passage du Nord-Ouest, qui joint les océans Atlantique et Pacifique. Les États-Unis, eux, considèrent qu'il s'agit d'un détroit international avec libre passage.

Pour supporter le froid, ces soldats américains dévorent des rations riches en calories. On leur enseigne **des techniques héritées de la Seconde Guerre mondiale :** pendant la « guerre d'Hiver », les Finlandais ont résisté à l'invasion soviétique grâce à leur maîtrise du ski et des raquettes. Les soldats qui n'ont jamais été aux sports d'hiver n'ont pas d'autre choix que d'apprendre.

Des hommes creusent un tunnel dans le flanc d'une colline. Cet abri improvisé, appelé « grotte de neige », n'est chauffé que par une seule bougie. Les soldats envoyés dans le Grand Nord doivent apprendre à **se repérer, manger, boire, dormir dans des températures extrêmes,** allant de zéro l'été à -60 °C l'hiver.

Les États-Unis ne possèdent pas de base militaire au-delà du cercle arctique, la zone qui connaît des jours et des nuits polaires. Pour patrouiller, **ils dépendent de leurs sous-marins** et de leur aviation. Ici, le sous-marin nucléaire USS *Connecticut* fend la banquise en mer de Beaufort, au nord de l'Alaska.

La base de Hall Beach, dans la région de Qikiqtaaluk, au Nunavut (Canada) a été fondée en 1957 pour accueillir un radar, puis un aéroport, tout **près d'une communauté inuit** de 650 habitants. Des soldats vont et viennent au gré des entraînements. *« Keep moving »* est l'ordre qu'on entend le plus. Ne pas bouger, c'est risquer la mort.

106—XXI **La conquête du Nord**

L'Arctique perd en moyenne 54 000 kilomètres carrés de glace par an, découvrant des terres riches en ressources minières.

Des soldats s'entraînent **à interpeller des avions de sauvetage** en alignant des blocs de neige en forme de « X » et en les tachant avec des grenades à fumée rouge.

Survivre, c'est une affaire de détails. Éviter de transpirer et changer ses chaussettes tous les jours, car la sueur gèle. Se découvrir dès qu'il fait meilleur. Et, quand on emporte de la nourriture, la garder contre son corps, sinon elle est immangeable : on se casse les dents.

Des Inuits forment les soldats au sauvetage. Celui-ci s'allonge dans la neige et attend que ses camarades le sauvent de l'hypothermie. Un autre dit au photographe : *« Nous, Inuits, on parle du changement climatique depuis longtemps. Maintenant le gouvernement se réveille, et nous demande de veiller sur l'Arctique. Bon, OK. On est de bons citoyens. »* Puis il rigole : *« J'aimerais juste qu'on soit de suffisamment bons citoyens pour mériter des lignes téléphoniques… »*

Les hommes sont armés. Pourtant aujourd'hui, la menace n'est pas militaire. C'est le froid et… les attaques d'ours.

Des soldats du corps des marines et des membres des Forces spéciales américaines patrouillent dans la toundra aux abords d'une station radar près de Barrow, en Alaska, pendant un exercice. Pendant la Guerre froide, ces stations devaient détecter **toute tentative d'intrusion soviétique.** On l'appelait la ligne DEW, pour « Distant Early Warning », la « ligne avancée d'alerte précoce ».

Un radar grandes ondes sort de la nuit à Hall Beach, au Nunavut (Canada). C'est **l'une des cinquante stations inhabitées** du Grand Nord américain qui surveillent l'espace aérien. Leur construction, commencée pendant la Guerre froide, en 1954, a réclamé 25 000 hommes, répartis sur 10 000 kilomètres carrés. Les stations les plus efficaces ont intégré trente ans plus tard le « système d'alerte du Nord », géré conjointement par les Canadiens et les Américains.

En pleine nuit polaire, ce soldat canadien se fait aider par les phares d'une motoneige pour **s'exercer à la pêche blanche,** la pêche sous glace, et attraper des ombles chevaliers, un salmonidé à la chair délicate qui nourrit les Inuits depuis toujours.

Décharge de Resolute Bay, au Nunavut (Canada).
Après le passage des hommes, les ordures sont incinérées. Elles attirent les animaux, et on ne peut pas les enfouir dans le sol gelé... Il faut donc tout brûler.

« **J'ai cassé quatre appareils à cause du froid**

Je suis né au Canada. Faire des kilomètres dans la neige pour aller à l'école, pêcher sous la glace, me déplacer à ski, en patins ou en traîneau, je connais. Je suis aussi un produit de la Seconde Guerre mondiale. Mon père, immigré italien, nous en parlait quasiment tous les jours, le soir à table : *« On n'avait rien à manger, nous, pendant la guerre ! »* Le bien, le mal, les collabos, les résistants font partie de ma mythologie personnelle.

Quand je suis devenu photographe, j'ai travaillé pendant douze ans sur des mines canadiennes. Plus tard, je me suis installé en Afghanistan et j'ai découvert la guerre sans fin, l'ennui, l'ennemi invisible. J'avais envie de creuser cela en Arctique, dans le froid de mon enfance. Le pôle Nord, c'est une histoire de mystère. Va-t-on être attaqué ? Par qui ? Comment ? Est-ce que ce serait ça, le scénario catastrophe, ou est-ce que le pire n'est pas sous nos yeux, avec des territoires entiers qui fondent ? Je suis photojournaliste mais ce que j'aime surtout, c'est stimuler l'imagination.

Aucun magazine ne voulait me suivre. Il faut compter entre 5 000 et 8 000 dollars, seulement pour un voyage… En 2016, j'ai reçu une bourse de 50 000 dollars de la Fondation John Simon Guggenheim. Cela m'a permis de faire 168 000 kilomètres en avion, quatre fois le tour de la Terre. J'ai connu des températures de -60 °C, j'ai eu deux accidents de motoneige et j'ai cassé quatre appareils à cause du froid. *National Geographic* a publié mon travail, et dernièrement, j'ai été exposé en France au festival Visa pour l'image de Perpignan.

EN COULISSES / POUR ALLER PLUS LOIN

Chaud, le pôle Nord !

En Arctique, le réchauffement climatique est deux fois plus rapide que dans le reste du monde. Pourquoi ? Parce que le blanc reflète la lumière et la chaleur, alors que le sombre les absorbe – c'est pour cela que l'on déconseille de porter du noir en pleine canicule. Ainsi, quand la planète se réchauffe et que les glaces commencent à fondre, les surfaces blanches se raréfient, la chaleur est de plus en plus absorbée par l'air et par l'eau, ce qui fait à nouveau fondre la banquise… Les pôles ne jouent plus leur rôle de régulateur thermique de la planète, ils ne refroidissent plus assez les courants venus de l'équateur, et la planète se réchauffe encore plus.

Ce cercle vicieux est étudié par les meilleurs scientifiques du climat au Spitzberg, une île à l'extrême nord de la Norvège. Leurs résultats sont accablants. Tous les dix ans depuis les années 1980, la banquise a perdu 12 % de sa superficie.

Au pôle Sud, mêmes causes, mêmes effets. L'Antarctique représente 90 % des glaces terrestres et si toute cette masse fondait, le niveau des océans grimperait de presque 60 mètres, partout sur la planète.

L'Arctique, région stratégique

30 %
des réserves de gaz

20 %
des réserves de pétrole

non encore découvertes dans le monde seraient localisées en Arctique.

40 %
de temps de trajet

en moins pour relier en bateau Rotterdam, aux Pays-Bas, et Yokohama, au Japon, par les nouvelles voies maritimes ouvertes par la fonte des glaces par rapport à la route passant par le canal de Suez et le détroit de Malacca.

116—XXI *La conquête du Nord*

Pression russe

L'Arctique, la région qui entoure le pôle Nord, n'appartient à personne. Les États qui la bordent disposent d'une « zone économique exclusive » limitée à 200 milles marins. La Russie, pourtant, revendique un territoire plus important, et même le pôle. En août 2007, une expédition descend pour la première fois sous le pôle Nord et plante un drapeau en titane aux couleurs de la Russie.

Trois ans après, Moscou lance la construction de trois brise-glace à propulsion nucléaire, d'un coût unitaire évalué à 635 millions d'euros. En septembre 2018, l'armée procède à un exercice militaire de grande ampleur : 300 000 soldats, 36 000 chars, 1 000 avions et 80 navires de guerre paradent en Sibérie orientale.

En réponse, l'Otan donne le coup d'envoi de l'opération « Trident Juncture 2018 », son plus grand exercice depuis dix ans. Elle réunit en Norvège 50 000 soldats, 10 000 véhicules et 250 aéronefs de 29 pays alliés autour d'un scénario d'intervention militaire face à un ennemi fictif.

Vladimir Poutine veut multiplier par quatre, d'ici à 2025, le volume du trafic de fret transitant par la voie maritime du Nord. En avril 2019, au Forum international de l'Arctique, il affirme que le développement économique de la région est une priorité nationale et « *représente plus de 10 % des investissements en Russie* ».

La Chine rêve d'une « route de la soie polaire »

Pays observateur depuis 2013 du Conseil de l'Arctique, un forum intergouvernemental créé en 1996, la Chine ne fait plus mystère de son attrait pour le Grand Nord. Le secrétaire d'État américain Mike Pompeo affirme que le pays aurait investi 90 milliards de dollars dans la région entre 2012 et 2017. Surtout, la Chine, dans un livre blanc sur sa stratégie publié en janvier 2018, s'autoproclame « *État proche de l'Arctique* » et évoque une « *route de la soie polaire* ». Elle encourage ses entreprises à investir et prône la coopération avec la Russie. Cet intérêt soudain est scruté jusqu'au Pentagone, qui a rendu public en mai 2019 un rapport dans lequel le département de la Défense relève « *l'engagement et les activités croissantes de la Chine* » en Arctique.

Nanouk l'Esquimau
de Robert Flaherty
1922
À la fois premier long métrage tourné dans l'Arctique canadien et précurseur du cinéma documentaire, ce film suit le quotidien d'une famille d'Esquimaux, entre chasse aux phoques, construction d'un igloo et nuit sous une peau d'ours.

Passer par le Nord, La Nouvelle Route maritime
d'Isabelle Autissier et Erik Orsenna
Éd. Paulsen, 2014
La navigatrice, présidente de WWF France, et l'académicien ont exploré la route maritime du Nord, qui relie l'Atlantique au Pacifique, en longeant les côtes de la Sibérie. Un récit de voyage qui explique les enjeux géopolitiques, économiques et écologiques de la région.

Into the Wild
de Sean Penn, 2007
En 1992, Christopher McCandless est retrouvé mort dans un bus abandonné, en Alaska. C'est le dénouement tragique du périple vers le Grand Nord de cet Américain de 24 ans, idéaliste rejetant la société de consommation. Un film épris de liberté, adapté du récit biographique écrit par Jon Krakauer, *Voyage au bout de la solitude* (1996).

Lettre à un Inuit de 2022
de Jean Malaurie
Éd. Fayard, 2015
Éminent spécialiste de l'Arctique – premier Européen à avoir atteint le pôle Nord en 1951, dirigeant de plus de 30 expéditions scientifiques du Groenland à la Sibérie, ambassadeur de bonne volonté de l'Unesco… –, Jean Malaurie, 97 ans, met en garde contre la catastrophe écologique actuelle et rappelle la nécessité de préserver la culture inuit.

/ À LIRE, À VOIR

Retour chez les fous

FILLE D'UN PSYCHIATRE, HAYDÉE SABÉRAN A PASSÉ SON ENFANCE À LA CHESNAIE, UNE CLINIQUE D'AVANT-GARDE SANS BARREAUX NI BLOUSES BLANCHES. QUARANTE ANS PLUS TARD, ELLE ATTRAPE AU VOL LES PHRASES DES PATIENTS POUR LESQUELS ELLE GARDE NOSTALGIE ET TENDRESSE.

Par Haydée Sabéran — Illustrations Juliette Lagrange

— Si je comprends bien, vous m'avez entendue dire une chose que je n'ai pas dite ?

— C'est ça. »

Il plonge dans son assiette. Moi aussi. Le saladier se remplit de coquilles de moules. Tic, tic, tic. Étienne : « *Vous portez un bijou touareg. Votre collier, c'est un collier touareg. Dans le désert, il y a des Peuls, des Touareg, des Arabes. Ils vivent ensemble.*

— Vous, Étienne, vous êtes ici depuis quand ? »

Il lève un index : « *Je suis arrivé à La Chesnaie en 1981. Mon premier repas était un poulet-frites.* » Il se lève. « *Je vous souhaite un excellent appétit, un excellent appétit.* » Un homme s'approche : « *Mon père est allé au Japon en hélicoptère, il est ingénieur, mais il n'a pas pu prendre de photos. Ma mère est bipolaire, elle est insupportable.* » Je suis de retour à La Chesnaie.

Le tilleul devant la maison est devenu gigantesque. Dans la cour du château, le séquoia qui servait d'arbre de Noël a disparu, abattu d'un coup de foudre. Les psychotiques, eux, sont restés comme dans mon souvenir. Raides, lents, distants, comme il y a quarante ans. Mon père a travaillé entre 1968 et 1987 dans cette clinique psychiatrique de Chailles, près de Blois. J'ai passé mon enfance au milieu des fous, avec mes parents et mes petites sœurs. J'ai habité jusqu'à l'âge de 12 ans dans la petite maison près des serres. Pour nous joindre, on appelait le standard de la clinique. Un patient décrochait et vous passait le 37. Il s'y pratique une psychiatrie différente. Pas de mur d'enceinte. Pas de blouses blanches. Parfois je prenais un soignant pour un patient. Depuis les chambres de malades en face de chez nous, on entendait souvent des cris. Ça faisait partie du lieu. Comme le hou-houhouou de la tourterelle turque, le bruit des avions de chasse de la base de Tours, les cèdres du parc, l'odeur de cigarette froide qui imprégnait tout, jusqu'aux habits de mon père. L'odeur de cigarette a disparu. Pas les avions de chasse, pas les cris.

Mon père, Foad, est arrivé à La Chesnaie en stop, un jour de l'été 1968. Médecin iranien de 27 ans, il venait de l'hôpital de Montbéliard. Son prof de psychiatrie lui

C
e midi, c'est moules-frites. Il reste une place à la table d'Étienne, un grand brun qui se tient droit, cheveux coiffés bien plat sur les oreilles. Souvent, Étienne répète deux fois ce qu'il dit. « *Je vais très bien. Je vais très très bien. Je vous souhaite un excellent appétit, un excellent appétit.* » Courbés sur leur assiette, mes voisins de table mangent en silence. À ma gauche, Tony, un beau jeune homme au visage sombre, mutique. « *Bonjour, ça va ?* » Regard noir. Perrette, ébouriffée, murmure à toute vitesse des phrases incompréhensibles, pleines de « *oh* », de « *ah* », de petits rires.

Son voisin me regarde :

« *Je vous rassure, je l'ai pas étranglé.*

— Ah bon, pourquoi vous me dites ça ?

— Parce que vous me l'avez demandé.

— Non. »

Il réfléchit.

« *Je vais vous expliquer. Un jour, un membre de ma famille – un idiot ! – m'a donné un médicament de forme rectangulaire. Depuis, j'entends des voix.*

avait conseillé La Chesnaie et la psychanalyse. Les deux allaient ensemble. Il a d'abord été ébloui par le château. Ensuite, « *fasciné* » par la polyvalence des soignants non médecins, qu'on appelle ici les moniteurs. Ils s'occupaient du château comme des malades, et les éducateurs, les psychologues, les infirmiers devenaient tour à tour lingère, barman, cuistot, plongeur, faisaient le ménage, tenaient la buanderie, la salle à manger ou la pharmacie. Cette polyvalence « *signifiait que le destin des individus n'était pas scellé pour la vie*, raconte mon père, qui exerce désormais en ville. *Quand l'infirmier fait le cuisinier, il ne te parle plus de la même façon, et tu ne t'adresses plus à lui pareil. Si les soignants ne sont pas éternellement à la même place, alors les malades aussi peuvent se réinventer.* »

Il y a eu jusqu'à une dizaine d'enfants de soignants en même temps à La Chesnaie, sans compter les enfants de passage, nos copains et nos cousins. Les allées, l'immense pelouse et ses cèdres, et surtout la forêt, désordonnée et parfumée, n'avaient l'air d'exister que pour abriter nos cabanes. En juin, une grande fête s'emparait de la cour et du parc. Des artistes de rue, des gens sur échasses, un fakir, des merguez, de quoi se faire maquiller pour un franc. Des concerts sur la pelouse, Jacques Higelin, Graeme Allwright. Et toute l'année, du jazz, Michel Portal, Stéphane Grappelli. Les gens du dehors venaient croiser nos fous. À l'école de Chailles, quelques garçons nous avaient traitées de « *folles de La Chesnaie* ». Ça n'avait pas eu d'effet, on était ravies d'en être. C'était un monde en plus.

« T'inquiète pas, si elle t'emmène, je viens avec toi »

En arrivant par la route, c'est la première chose qu'on remarque. Comme sorti d'un rêve, un bâtiment biscornu, de bois et de récup, un dôme jaune à la manière des clochers bulbes d'Europe de l'Est, des colonnes en jantes de roues de voiture, une tête d'éléphant grandeur nature, trompe levée. Le Boissier a d'abord été une grange. Il a brûlé un soir, sous nos yeux. Puis il a été reconstruit au début des années 1970 par des patients, des soignants, des étudiants en architecture et leur professeur de 30 ans, Chilpéric de Boiscuillé, que tout le monde appelait Chil. Aujourd'hui, le dôme fuit, la peinture s'écaille par endroits, mais la bâtisse tient debout. Il y a un bar, une scène. Des fenêtres en portes de 2CV. Pour les ouvrir, on les claque vers le haut, d'un coup sec de l'avant-bras. Les plaques de cuivre de la façade viennent des rebuts d'une imprimerie. Sur l'envers du métal, des pages des magazines *Nous deux* et *Intimité*. On vient s'asseoir, jouer au ping-pong, boire des cafés. Le public vient pour les concerts. Nous, les mômes, on ne payait pas. On s'installait dans les escaliers, on passait notre tête à travers les balustres. L'odeur du tabac piquait. On partait dessiner dans un coin, on revenait.

« On rit beaucoup à La Chesnaie. Quand je flippe toute seule le soir dans mon lit, je me dis : c'est pas grave, demain, y a les autres. »

ZOÉ

« Je sais que c'est irréel, mais dans ma tête, c'est mon oncle François qui me parle. »

ROLAND

J'aimais bien Marie-Jeanne. Je la trouvais rigolote. Elle était revenue enceinte d'une fugue. Elle ne se souvenait de rien. Elle tapait sur son ventre avec ses bras maigres : « *Je suis pas la Vierge Marie, docteur ! C'est de l'air !* » Dans sa robe d'été orange, la ceinture au-dessus de son ventre, elle dansait les yeux fermés, bras en l'air, à la fête de juin. Un jour le ventre s'est aplati. J'ai demandé comment s'appelait l'enfant, où il était. « *Adopté* », avait dit mon père. C'était soudain devenu triste. Ania, elle, se baladait en gueulant. Je la revois de dos, immense, marchant vers la cuisine sous le séquoia, son pantalon laisse voir le haut de ses fesses. Elle crie partout qu'elle kidnappera ma petite sœur de 2 ans, Mariam. Elle hurle que c'est sa fille, qu'il faut lui rendre cet enfant. On reste à distance, c'est comme voir passer un fauve. Un jour, ma sœur Shirine, 5 ans, se penche vers Mariam : « *T'inquiète pas, si elle t'emmène, je viens avec toi.* » Et puis Ania est partie. Je n'ai plus jamais eu peur à La Chesnaie.

La fille nue, on n'a jamais su son prénom. Les fesses sales parfois, elle s'asseyait près de nous, sur les tabourets de la cour, sans parler. Je faisais attention à ne pas rire, mon père aurait froncé les sourcils. Elle entrait chez nous, s'asseyait sur le canapé. Ma mère se précipitait pour poser un drap dès qu'elle poussait la porte. Il y avait aussi Lisette.

Une pianiste. Elle avait donné des cours à ma sœur Délara. J'ai le souvenir d'une dame timide et bien élevée, avec son sac à anses, très vieille France, très douce. Lisette était juive. Elle avait une vingtaine d'années pendant la guerre et craignait encore peur des nazis. Elle disait « *ces messieurs* ». Quand elle délirait, elle pensait qu'elle se cachait à La Chesnaie. « *Les hitlériens arrivaient, il fallait la prendre dans nos bras* », se souvient mon père. Elle répétait dans la petite chapelle du château, à l'entrée de la forêt. Ou dans sa chambre, sur un piano muet. Elle refusait d'être prise en photo, de peur que « *ces messieurs* » ne la reconnaissent. Avant la guerre, Lisette avait donné des concerts au Théâtre Sarah-Bernhardt et à la Gaîté lyrique. En 1938, un article du *Petit Parisien* avait salué cette « *remarquable interprète* ».

Le « grillon » et le « grillé du soir »

Le château de La Chesnaie est un domaine immense, plein de jolis noms : la Haute Pièce, une ancienne closerie et son verger, l'Orangerie avec vue sur le parc, la Régie, la « Villa Fleurie », à l'époque couverte de bignones rouges. Claude Jeangirard, un jeune neuropsychiatre qui arrivait de la clinique de La Borde, pas très loin, a acheté le château en 1956 au vicomte de Lestrange, un officier de marine retraité, « *pas très commode, versatile et coléreux* », raconte-t-il dans un livre d'entretien. Claude Jeangirard était attaché à la beauté des lieux. Il piquait des colères quand des voitures se garaient devant le château.

122—XXI **Retour chez les fous**

Il disait qu'on devait voir le château depuis le parc, et l'horizon depuis le château.

La Chesnaie aujourd'hui, c'est 101 lits et 30 places dans l'hôpital de jour, ouvert en 1994. Jean-Louis Place, le médecin directeur, me propose de commencer par un stage d'une semaine. « *En salle à manger, vous croiserez tout le monde.* » Je vais servir les plats, ranger la vaisselle, balayer la salle, nettoyer les tables, participer à la plonge avec les moniteurs et surtout, les malades.

Les patients qui le souhaitent travaillent, payés quelques euros par jour, au maximum 50 euros par mois. On dit : « *J'ai un contrat salle à manger* », « *un contrat standard* », « *un contrat comité menu* », pour suggérer des menus aux cuisiniers. Travailler fait partie de la thérapie. « *Le travail, c'est un médiateur*, explique Colette Suhard, éducatrice spécialisée, monitrice cuisine. *Ça permet d'aborder des sujets qu'on ne peut pas évoquer en face à face avec un psychotique. Le "faire" est le tiers nécessaire. Ça dit au patient : "Vous n'êtes pas que malade, vous êtes une personne malade".* » Les moniteurs ont une formation d'infirmier, de psychologue, d'éducateur ou d'aide-soignant. À l'époque, ils pouvaient être aussi potier, plasticienne ou paysan.

Je loge dans une chambre du Train vert, de son vrai nom L'Orient-Express Hôtel. Ces wagons de première classe de l'entre-deux-guerres, posés entre la forêt et le parc,

ont été transformés dans les années 1980 en wagon-restaurant et en chambres pour les stagiaires par des patients, des soignants et des étudiants, avec Chil, l'architecte. Ado, je rêvais d'y dormir. Entre les rames, on se croit sur un quai de gare. Le restaurant, ouvert au public, sert aujourd'hui des bo bun, des phat thai, des hamburgers maison, pour moins de 10 euros. Les cuisiniers et les serveurs sont patients et moniteurs. Il faut réserver, c'est pris d'assaut, à la fois par les Chesnéens, soignants ou patients, et par des gens de passage, qui le découvrent les soirs de concert au Boissier. Jack Lang y a mangé quand il était député du Loir-et-Cher. Le wagon-restaurant est surélevé, à la hauteur de la cime des arbres. «*Un voyage immobile*», résume Zoé, une patiente qui y a travaillé. Comme le Boissier, le bâtiment en récup qui sert de salle de concert, le Train est inscrit à l'inventaire supplémentaire des monuments historiques.

Premier matin. Voilà Gwenvaël Loarer en salle à manger, en tablier bleu de plongeur. Il est psychologue. Très vite, il m'explique que quand on ne comprend rien il faut regarder la «*grille*». Sur cette feuille distribuée chaque jour, partout dans La Chesnaie, on trouve les noms de tous les travailleurs, et la liste des ateliers: poterie, jardin, tennis, improvisation théâtrale, atelier bois, golf, bibliothèque, musique... Celui qui crée la grille s'appelle «*le grillon*». Quand on travaille tard, on dit qu'on est «*grillé du soir*». Il arrive que le grillon soit mal informé, qu'un atelier annoncé n'ait pas lieu. «*La grille, c'est comme la météo*», rigole une patiente.

Je mets un tablier de cuisine; je garde un petit sac en bandoulière pour mon carnet et mon stylo. Marcel, hirsute, gros sourcils noirs, mains en avant comme une mante religieuse, s'approche: «*Gwenvaël, je vous demande pardon pour les grossièretés que j'ai dites tout à l'heure.*» Il repart. Je range la vaisselle avec un patient. On empile les verres un par un sur les étagères. Ting, ting, ting. Charles est lent, éteint. Je n'entends pas le son de sa voix. Une fille passe en murmurant: «*Je sers à rien.*» Midi, je sers les plats. Amélie Aladenize, éducatrice spécialisée, me glisse, malicieuse: «*On ne se précipite pas pour servir dès que les assiettes sont vides. On n'est pas là pour répondre tout de suite à l'envie de se remplir.*»

« Vous connaissez la chanson "Faut pas faire chier mémé"? Ma mère aussi, faut pas la faire chier! — On peut vous faire chier, vous, Claire? — Oh oui, si vous voulez. »

« Je ne comprenais pas tous les mots au début »

Je cours à L'Oasis, un temps de parole, une demi-heure de discussion, chaque jour, entre ceux comme moi qui viennent du dehors et un moniteur. Aujourd'hui, c'est Réjane Paireau, psychologue à la buanderie, qui nous écoute et nous répond. « *Vous avez l'impression de ne rien avoir à faire. Parler aux patients, dans le milieu hospitalier, c'est pas considéré comme du travail. C'est moins facile à évaluer qu'une prise de sang, c'est sûr. Mais c'est essentiel. La maladie attaque en premier le lien à soi, à l'autre.* » À La Chesnaie, tout est fait pour retisser le lien : « *C'est pénible d'aller chercher du tabac, de demander une autorisation pour aller à Auchan, mais ça oblige à aller vers les autres. Sortir des hallucinations, du délire, c'est ça le truc. Les voix que les malades entendent, elles sont humiliantes, insultantes. Ils doivent coexister avec des symptômes qui jamais ne leur foutront la paix. Dominique, depuis quinze jours, elle est en difficulté. L'autre jour, parce qu'on l'a attendue, elle est venue à la braderie. C'est pas rien de se savoir attendu. Si quelqu'un me dit : "Aujourd'hui, je peux pas faire le bar", je réponds : "OK, mais vous pouvez prévenir l'équipe ? Vous pouvez trouver un remplaçant ?"* »

Ici, tout est ouvert, éclaté, « *ça donne l'impression d'un énorme bazar* », dit Réjane, mais c'est « *hyperorganisé. C'est juste qu'on n'est pas caché derrière un burlingue ou une blouse* ». Exemple, le service V, comme vigilance, compte les malades cinq fois par jour. À 8 heures quand on les réveille, à 12 heures pour le repas, à 15 heures au goûter, à 18 heures avant dîner et à 22 heures. Et ceux qu'on ne trouve pas, on les cherche partout. Dans le parc, dans la forêt, au bistrot du village. Les malades installés depuis plus de quinze jours ont le droit d'aller et venir, sauf contre-indication. Étienne, l'homme qui répète tout en double, va tous les jours chercher son goûter à Intermarché.

La chauffe, c'est le taxi, version Chesnaie. Elle permet aux patients de se rendre à leurs rendez-vous ou de faire des sorties. Jusque dans les années 2000, les chauffes étaient conduites par les patients. Il nous arrivait d'aller à l'école ou chez le dentiste en chauffe, une 2CV imprégnée de tabac. Celle que j'emprunte aujourd'hui emmène comme tous les matins Hafida au Winston, le bar de Chailles, à trois kilomètres de là. Elle achète des paquets de tabac, de feuilles et de cigarettes pour les patients de La Chesnaie avec l'argent qu'ils lui ont confié. Il faut compter, ne pas se tromper. « *Il y a un fond de caisse, mais c'est pas pour les erreurs.* »

Hafida a les mains qui tremblent un peu. Face à elle, une vingtaine de patients. Total du jour : 411 euros. La première fois que je l'ai vue, elle chantait «Honky Tonk Blues» dans un groupe à la Fête de l'été, dans le parc de La Chesnaie. Elle avait la classe, une belle voix. J'ai pensé, en la voyant au micro, que c'était son métier. Elle a vécu dans la rue, dans des hôtels pour sans-abri, chanté dans le métro, été choriste, a connu une petite carrière solo, est passée chez Foulquier sur France Inter.

Une petite bande de dépressifs, plutôt joyeuse, bavarde, un peu rebelle, me prend sous son aile. « *Je ne comprenais pas tous les mots au début*, dit Zoé, infirmière à la retraite, hospitalisée en janvier 2019 pour quelques mois. *La Haute Pièce, la "pièce haute" ? Le Train vert, le "travers" ? C'est quoi la grille ? Le service V, je croyais que c'était le service "5", en chiffre romain…* » Zoé, c'est un peu la mère du groupe, certains l'appellent « *Maman* ». On est dehors sur la terrasse de la salle à manger, avec Lara, jeune mécanicienne auto dans l'armée de l'air, Félicien, qui vient d'arriver, ancien élève de prépa en lycée militaire, Thalia, ancienne étudiante en psycho. C'est la canicule de juin. Un hurlement du côté de la régie. Zoé regarde sa montre : « *Ah, 20 h 45, c'est un peu tôt.* » Tout le monde sait qui crie, sauf moi : c'est Marcel. « *Une fois il se tapait la tête contre les murs. On a appelé le 404, il fallait qu'on l'arrête* », dit Lara. C'est le numéro d'urgence, utilisable par tous. Si quelqu'un va mal, on décroche. Ça s'appelle la « *fonction cosoignante* », encore un truc de La Chesnaie.

HIVER 2020 —XXI—**125**

Marcel, le type qui hurle, aime le foot, les chansons, *Les Brigades du tigre*, *Les Chiffres et les Lettres*. Au Boissier, souvent, le nez collé à la télé, il commente les matchs. Le regard sombre, il se plante devant les femmes : « *Toujours aussi belle ?* » Lara, la mécanicienne de l'armée de l'air : « *Il est pas agressif. C'est un gentil. Des fois, il se fout des claques, il s'engueule, parce qu'il est en colère contre lui-même.* » Thalia, l'étudiante en psycho : « *Attachant comme un petit garçon.* » Un samedi d'août, les joyeux dépressifs lancent un vent de révolte. Ils réclament une plus forte présence des moniteurs. Ça donne naissance aux « forums du samedi », entre soignés et soignants. Matthieu : « *On veut créer de l'échange, du lien. Que les moniteurs viennent avec nous ne rien faire. Qu'on n'ait pas l'impression d'être tout en bas de la société entre quatre murs bien ouverts. Comment faire en sorte que ça change ?* »

« Est-ce que le café rend féerique ? »

On entre en général à La Chesnaie après un premier séjour ailleurs, souvent à l'hôpital psychiatrique public. Les urgences sont pleines de patients en crise qui débarquent là, livrés à eux-mêmes, faute d'avoir pu trouver un thérapeute en ville. Quelqu'un : « *J'ai fait quatre ans en clinique psychiatrique universitaire. Aux urgences ils sont désensibilisés, ils m'ont attaché.* » Un autre : « *À l'hôpital psychiatrique où j'étais, à côté de Montargis,* il fallait sortir accompagné rien que pour aller dans le reste de l'hôpital. Ils ont tous des blouses. Tout est fermé un peu comme une prison.» Lui s'appelle Francisc, il vit à La Chesnaie depuis deux ans. C'est un ergothérapeute qui lui a parlé du lieu. «Il m'a dit: "Je vous y verrais bien, c'est un château".» Il a fallu se faire recommander par un médecin, faire une «visite avant admission». «J'ai été accueilli par Florian et Marie-Pierre. On a mangé du poulet et des haricots verts, c'était très bon.» Après la visite, on écrit une sorte de lettre de motivation. Ensuite, c'est La Chesnaie qui vous choisit. Elle évite les patients très violents, mais aussi les alcooliques, les toxicomanes, difficiles à contenir dans une maison sans murs.

C'est le jour de l'assemblée plénière. Dans les années 1970, elle était obligatoire pour tout le monde, médecins comme ouvriers de maintenance. Elle pouvait être présidée par un patient. Désormais, le médecin directeur tient le micro. Elle ne dure qu'une demi-heure. Sujet du jour, le café.

Le directeur, Jean-Louis Place: «Le café, c'est un excitant. Si on boit du café en milieu d'après-midi, c'est le meilleur moyen de ne pas dormir. Prendre des médicaments pour dormir et boire du café, ça ne sert à rien. Si certains se sentent flagada à cause du traitement, il faut aller voir le médecin pour le modifier, plutôt que de prendre du café.»

Un patient: «J'ai connu quelqu'un qui s'intoxiquait au café, c'était terrible.»
Un autre: «Est-ce que le café rend féerique?»
Un moniteur: «À combien s'élève le cours du stick de café sur le marché parallèle de la clinique?»
Une voix: «90 centimes!»
Le moniteur: «Un euro à gauche!»
Une monitrice: «Trop de café, ça majore l'angoisse.»
Une patiente: «Ça fait des aigreurs d'estomac.»
Zoé: «On pourrait faire des tisanes.»
Le directeur: «Du pisse-mémé, ça s'appelle. C'est pas nocif.»
Zoé: «Ça dépend de ce qu'on fait comme décoction…»
Le directeur: «Vous m'inquiétez, là.»
Rigolade générale.

Je pousse la porte du local du Club, une pièce à l'étage du Boissier. Depuis soixante ans qu'elle existe, cette association de patients et de soignants veut «soigner La Chesnaie». Ici, on part du principe que l'institution est par définition aliénante, et qu'elle rend malade si on n'y prend garde. Il faut donc la réveiller, la soigner, la questionner avec ce type de club «thérapeutique». Dans les faits, le Club est plutôt devenu une association qui organise

«L'hôpital, c'est la bouffe, les médicaments, la bouffe, les médicaments. On est des numéros. Ici, on existe.»

ROLAND

des concerts, des voyages, tient le bar de La Chesnaie et possède des appartements thérapeutiques pour les patients soignés à l'hôpital de jour. La secrétaire, une monitrice, m'attend. «*Cathy, tu as des archives ici ? Je me souviens de comptes rendus de réunions entre soignants et soignés quand j'étais gamine. Il y avait du débat…*» Elle montre un sac en plastique rempli de papiers ronéotypés, déposé par un moniteur à la retraite. «*On a reçu ça, tu nous diras ce qu'il y a dedans.*» Des journaux internes, écrits par des moniteurs et des patients. Le grain du papier est épais, les agrafes rouillées se détachent.

Dans le numéro de juin 1968, le dessin d'un cocktail Molotov, et la recette qui va avec. «*Si vous balancez le tout sur la gueule des moniteurs, ça risque de faire boum.*» Dans un exemplaire de 1974, une caricature de mon père, sous le titre «Les grandes gueules de La Chesnaie» et cette légende : «*Il était une Foad dans l'Ouest.*» Des poèmes. Des comptes rendus de réunions plénières. Les sujets : l'argent, le système pileux, la réalité, le snobisme. Un extrait du 26 août 1974 : «*G : Le sujet d'aujourd'hui, les relations sexuelles à La Chesnaie. B : Il n'y en a pas ! D : C'est dramatique ! F : Si c'est interdit, ça n'est pas pour jouer au flic, c'est parce que souvent, les gens s'impliquent dans les relations sexuelles avec ce qu'ils ont de plus névrotique et de plus tordu… Il ne faut pas oublier que pour faire l'amour il faut être deux, et ce qui peut être bénéfique pour l'un ne l'est pas forcément pour l'autre. (A se casse la gueule en essayant sur une table la position du lotus.) G : Je préfère que ce soit bénéfique pour la femme plutôt que pour l'homme. F : Même à l'extérieur, l'amour ne naît pas comme ça, c'est un conflit permanent ! Th : les relations sexuelles, c'est le voyage des corps dans leur étrangeté. Y : Aïe, il faut méditer ! Une minute de silence !*»

« C'était plus militant avant »

Devant le tilleul de mon ancienne maison, je demande à Damien de me raconter ce qui a changé à La Chesnaie depuis les années 1970. Il se balade en parka en pleine canicule et râle quand je lui demande s'il n'a pas trop chaud. Arrivé à La Chesnaie en 1976, il fréquente désormais l'hôpital de jour. «*À l'époque, certains patients devenaient moniteurs. J'ai fait ça une année. Je travaillais plus de cinquante heures par semaine. On assurait les chauffes, les trajets en voiture. J'en ai fait, des tartines de chauffe, j'ai même conduit des gens à un concert de Brassens à Paris. C'était plus militant aussi. J'étais membre de la Convergence autogestionnaire. J'avais fait venir des gens à la fête de La Chesnaie pour le boycott des oranges Outspan d'Afrique du Sud, sans rien demander à personne.*» Je sursaute. Les oranges Outspan ! Je me souviens soudain du stand près du séquoia et de ses tracts terrifiants, la tête d'un homme pressée comme une orange.

L'insuline a disparu dans les années 1990. La technique consistait à plonger un patient dans le coma puis à l'alimenter en sucre pour le réveiller en douceur. Elle est désormais interdite. Elle améliorait l'état de certains psychotiques, mais présentait des inconvénients : provoquer le coma est une opération risquée, et le recours au sucre pouvait engendrer accoutumance et surpoids. «*Je n'ai jamais voulu la pratiquer,* explique Jean-Louis Place, l'actuel directeur. *Ça a été une condition pour venir travailler à La Chesnaie. Je suis convaincu du travail qui peut se faire au réveil, après un choc. Mais on peut créer un choc beaucoup moins toxique.*»

Fini les électrochocs, aussi. Ces chocs électriques, qui provoquent une crise d'épilepsie artificielle bénéfique chez certains schizophrènes, sont encore pratiqués à l'hôpital, et l'objet de nombreuses critiques, certains patients se plaignant de pertes de mémoire. Ils sont devenus rarissimes pour les patients de La Chesnaie, un ou deux par an. Fini, aussi, la polyvalence absolue. Depuis les années 2000, on ne peut plus faire une piqûre ou distribuer des médicaments si on n'est pas infirmier. La plus ancienne monitrice du château, Sylvie Delagrange, embauchée au début des années 1980, n'est ni infirmière

«On veut de l'échange, du lien. Qu'on n'ait pas l'impression d'être tout en bas de la société entre quatre murs bien ouverts.»

MATTHIEU

ni pharmacienne, mais elle a été à deux reprises responsable de la pharmacie de La Chesnaie. *«Plus jamais je n'y travaillerai. J'ai été forcée d'arrêter. J'avais appris à piquer, à prendre la tension, à faire des prises de sang, des intramusculaires, des intraveineuses. Ça m'a blessée de ne plus être autorisée à le faire. C'est comme si tu étais déqualifiée. Qu'est-ce qu'il reste aux non-infirmiers ? Les ateliers.»*

Pendant les années 1970, un moniteur travaillait cinquante-deux heures par semaine. Avec les trente-cinq heures, tout le monde travaille moins. Il y a aussi des tâches supprimées, puisque l'insuline et les électrochocs, mobilisant plusieurs soignants par patient, ont disparu. D'autres tâches, tout aussi chronophages, les ont remplacées : le temps passé à remplir des papiers, l'administration exigeant une «traçabilité» des soins, a explosé. La gouvernance, elle aussi, a changé. Avant, il y avait un unique actionnaire, Claude Jeangirard, le fondateur. Les psychiatres étaient salariés. Aujourd'hui, les cinq médecins de La Chesnaie sont actionnaires et touchent des honoraires proportionnels à leur mise. Ça met certains mal à l'aise. L'une des psychiatres, Margot Kressmann, est sur le départ, elle va travailler dans une association de soins aux sans-abri. Plein de raisons se mélangent. À son embauche il y a quinze ans, émerveillée par La Chesnaie, elle avait accepté d'emprunter 138 000 euros pour

devenir actionnaire. Elle s'était promis de partir après avoir tout remboursé. Elle a touché 12 000 euros d'honoraires par mois – 6 000 euros de revenus après impôt –, et reconnaît qu'elle n'a jamais été en phase avec ce système *«capitaliste»*.

Des patients ont organisé un pot de départ. Elle sort une cigarette. *«Je croyais que tu avais arrêté»*, lui dit un moniteur. *«Oui, mais là c'est trop d'émotion.»* Après la fête, les patients de Margot traînent, perdus, orphelins. Léonardo : *«Pour moi, c'est deux ans et demi de boulot.»* Jo : *«Ça me fait chier, je lui avais tout dit, vraiment tout.»* Léonardo soupire : *«Quand elle avait une consultation qui sautait, elle venait servir les boissons au goûter. C'est comme ça, c'est Margot.»*

Les «assises» aussi ont disparu. Tous les dix ans, le personnel de La Chesnaie partait deux jours en séminaire s'interroger sur sa pratique. Il confiait les clés aux patients et aux anciens, qui revenaient bénévolement. On ne manquait jamais de monde, il y avait toujours assez de bénévoles, ravis de retrouver les malades et les copains. Les dernières assises ont eu lieu à l'époque de Jeangirard, il y a quinze ans. Jean-Louis Place refuse que la clinique soit *«un lieu de vie»* : *«C'est un lieu de soins»*, insiste-t-il.

Pendant que La Chesnaie s'assagissait, la psychiatrie en France évoluait. Moins d'enfermement, moins de violence – certains asiles étaient quasi concentrationnaires.

Mais une nouvelle forme de maltraitance émerge : moins de lits, moins de soignants, des établissements suroccupés, des fous à la rue et en prison. Selon une étude du ministère de la Santé et du ministère de la Justice parue en 2006, près de 24 % des détenus présentent un trouble psychotique. Pour ceux qui restent à l'hôpital, les soignants se plaignent de ne plus être assez nombreux pour faire leur travail. En 2018, des infirmiers ont mené une grève de la faim de dix-huit jours à l'hôpital psychiatrique du Rouvray, à Rouen, pour obtenir des embauches. Ils étaient à nouveau en lutte à l'automne 2019.

Angélique est de mauvais poil à chaque fois que je la croise. *« Nan mais j'ai pas l'temps, là. »* Même avec quarante ans de plus, ce visage m'est familier. Je reconnais cet air boudeur, ces épaules rentrées, cette voix. Je n'ose pas l'aborder. Angélique est entrée à La Chesnaie comme patiente en 1976, comme Damien. Puis elle est devenue monitrice, puis à nouveau patiente. Enfant, je parlais avec elle, assise dans l'herbe. Disons plutôt que j'écoutais et Angélique parlait. C'est elle qui m'a appris à goûter la partie sucrée des herbes. On tire doucement sur une graminée, et on grignote le bout tendre. Je pense à elle à chaque fois que je fais ça. Je la croise alors que je marche vers la caisse des dépôts, la « banque » de La Chesnaie où les malades viennent chercher leur argent. Je lui cours après. Elle marmonne et s'en va.

« Je cherche Sylvie.
— Elle était là.
— Là, quand ?
— Lacan ? »

« Je m'appelle Sabéran. » Elle se retourne. Voix douce, traînante, familière. *« Oooooh, le docteur Sabéran, qu'est-ce qu'il devient ? Je l'aimais bien !*
— Il va bien. Il travaille à mi-temps. Je suis Haydée.
— Oh, Haydée ! Il y avait Délara aussi, non ? »

Je n'en reviens pas. Je tire sur une herbe, et en grignote le bout : *« C'est toi qui m'as appris ça, Angélique. »* Elle lève un bras : *« Oh, c'est des vieilles histoires… »* Elle rentre la tête dans les épaules et me plante là. Plus tard, je raconte cette rencontre à une monitrice. Elle m'avertit qu'Angélique part le lendemain pour quelques jours. Si je ne vais pas tout de suite dans sa chambre, je ne la reverrai peut-être pas. Entrer dans la chambre d'un malade est un interdit absolu, je sais ça depuis toujours. *« Tu as mon autorisation. »* Ça m'intimide. Et si Angélique était à nouveau de mauvaise humeur ? Toc toc… Voix boudeuse :
« C'est qui ?
— Haydée.
— Entre, entre ! »

Angélique est allongée dans son lit. Une autre patiente est sur celui d'à côté. Elles fument. Au mur, une affiche du *Baiser* de Klimt. La voix familière d'Angélique : *« Qu'est-ce que tu deviens, Haydée ? »* Elle réclame des nouvelles de mes trois sœurs. Elle se souvient de chacun des prénoms. *« Je pense à vous tous les jours. Tu te souviens quand on jouait au sable fin ? »* Oui, le tas de sable dans la cour, bien sûr. *« Ton papa vous disait : "Soyez gentilles avec Angélique, les enfants". »* Puis Angélique me congédie. *« Ça m'a fait plaisir de te revoir, Haydée… »* On s'embrasse comme du bon pain.

« J'ai cassé la Yougoslavie »

L'histoire du pendu, c'est un jour de printemps, dans l'allée de la chapelle. Je dois avoir 9 ans, Délara bientôt 8. Il est là, les pieds dans le vide, à contrejour, au bout d'un chemin qui mène vers le parc. On ne s'approche pas. On rentre à la maison,

anesthésiées. Je ne me souviens pas si on a couru ou marché. Ma mère est occupée à couper du lilas dehors, sur un tabouret.

« *On pense qu'on a vu un pendu. On n'est pas sûres.*
— *Un pendu ? Comment ça, pas sûres ?*
— *On a peut-être rêvé.* »

Elle range son sécateur. « *Vous allez me montrer.* » On prend les vélos. Ma mère découvre en silence dans le chemin le mort immobile. « *Quelle horreur…* » Ses mots m'ont réveillée, comme un claquement de doigts. Le soir, mon père nous demande de ne pas en parler à l'école. On n'a rien dit à personne jusque très tard, adultes.

Aux sports d'hiver, on skiait avec les fous, on mangeait avec eux, on vivait dans la même maison. Une proximité inédite. Un jour, un patient casse une pancarte en bois dans la boutique de location de skis. Pierre est un colosse sympa. Il chausse du 47, on trouve ça extraordinaire. Il y a au mur des pancartes, avec les noms des pays d'Europe. Pierre attrape celle de la Yougoslavie et la jette au sol. Puis il se calme. Bien sûr, il est désolé. « *J'ai cassé la Yougoslavie.* » Les jours suivants, il répète de sa grosse voix lente : « *J'ai cassé la Yougoslavie.* » Nous, les filles, on se marre, on imite sa voix, on prend un air assoupi, les yeux mi-clos : « *J'ai cassé la Yougoslavie.* » Il était la mascotte. Il n'aimait pas les virages, dévalait les pistes tout droit, on devait s'écarter. Pour s'arrêter, il se laissait tomber et ne bougeait plus. Des gens s'approchaient : « *Ça va, monsieur ?* » Il levait la tête : « *J'ai faim.* » Il y avait toujours quelqu'un pour lui passer un biscuit. Il se levait, repartait tout schuss.

Un après-midi, dans la file d'attente, en bas du télésiège, mon père me le confie. « *Emmène-le rejoindre les autres en haut. Tu feras ça très bien.* » Mon père part. J'ai 13 ans.

HIVER 2020 —XXI—**131**

« La psychose sévère est une maladie mortelle. S'ils n'étaient pas ici, certains patients seraient morts depuis longtemps. »

ANNE-MARIE HAAS, PSYCHIATRE

Je ne sais pas bien quoi dire à Pierre. Comme ça ne va pas assez vite, il se met à gueuler. « *J'vais tous vous tueeeeeer !* » Je n'ai pas vraiment peur, juste un peu honte. Je me dis : il fait son Chesnéen devant tout le monde. « *Pierre, tu sais, je crois qu'il faut être patient… Regarde, ça avance… Bientôt c'est notre tour…* » Aujourd'hui, quelqu'un aurait appelé un vigile. Pierre ne dit plus rien. Je regarde le bout de mes skis. On monte en silence sur le télésiège, on rabat le garde-corps, ça grimpe haut. Il se tourne vers moi et dit vite : « *J'ai bronzé ?* » À l'école, ça m'a fait un nouveau truc à raconter, en plus de la fille nue. Mon père n'a aucun souvenir de cette histoire.

L a Chesnaie entrait chez nous. Une nuit, alors que mes parents dorment dans leur chambre, mon père est réveillé par une main qui le secoue. « *Docteur, j'arrive pas à dormir !* » L'homme était entré dans la cuisine, avait grimpé l'escalier jusqu'à la chambre. Personne n'avait l'idée de fermer la porte d'entrée à clé. Est-ce que ç'a changé après cet épisode ? « *Je ne me souviens pas. Ça m'étonnerait* », répond mon père. Certains soignants appelaient les patients les « *pensionnaires* ». Je le percevais comme un mot ronflant. À la maison, on disait juste « *les malades* ». Mes parents,

iraniens, le disaient en persan : « *mariz-ha* ». Cette langue nous enveloppait d'un cocon d'intimité à l'intérieur de La Chesnaie. « *Pose ta tête sur mon épaule et dors* », me dit un jour mon père, alors que je suis dans ses bras. En persan, « épaule » et « peigne » se disent de la même manière. J'ai longtemps cru que mon père rangeait des peignes dans les épaulettes de ses vestes. Le persan a laissé la place au français après notre départ de La Chesnaie. Peut-être parce que, dans la nouvelle maison, cette bulle que nous offrait la langue était devenue inutile.

David dessinait. Il saluait mon père de sa voix nasillarde : « *Bonjour Sabéran.* » À l'époque, à La Chesnaie, on utilisait parfois les noms de famille comme des prénoms. Je l'imitais, en me bouchant le nez : « *Bonjour Sabéran.* » On regardait ses dessins sans se lasser. Un jour, David a voulu visiter New York. À l'ambassade des États-Unis, ils lui refusaient le visa à moins d'être accompagné d'un psychiatre. Il est parti avec mon père. David a mangé du bon riz iranien pendant son séjour : ils n'ont pas passé une seule nuit à l'hôtel, mais chez les cousins de la famille, à New York et en Californie. Ils dormaient dans la même chambre. Mon père lui avait dit qu'ils étaient compagnons de voyage, David l'appelait « *compagnon* ». Il s'est dessiné de dos, regardant Manhattan, le bras de mon père enserrant son épaule. On adorait.

132—XXI **Retour chez les fous**

À leur retour, David tendait la main à mon père en disant : « *Bonjour compagnon.* »

« Je suis contente de vous avoir connue »

Enfant, j'ignorais l'existence de La Kalo, mais elle était déjà là, avec ses miroirs, ses fauteuils de barbier, au premier étage du château, où nous n'allions jamais. En grec, *kalos* veut dire beau. La Kalo est un salon de beauté tenu par des monitrices. Le masque du visage est à 30 centimes, le gommage, le modelage des mains, la manucure aussi. Calixte, un blond ébouriffé, ferme les yeux la bouche ouverte, la tête dans le bassin de lavage. « *Ça va, la température ?* » Marcel se fait raser la barbe. Il parle fort devant le miroir. « *Ça, c'était du football en 1974 ! Des passes de 40 mètres ! Boum !* » Léa, monitrice : « *Marcel, on essaie de se détendre.* » Marcel, penaud : « *Oui, je sais.* » Et aussitôt : « *1974 ! Ça, c'étaient des matchs !* » Il chante : « *Hier encore, j'avais 20 ans…* » Calixte : « *Vous pouvez me faire comme les grands barbiers, une serviette très très chaude ?* » Léa : « *Un peu de crème ?* » Marcel : « *Hier encore, j'avais 20 ans…* » Calixte : « *Dans quelques jours, j'aurai 30 ans.* » Léa à Marcel : « *Il y a des petites coupures, je vais te mettre un peu d'after-shave* » « *Nan ! J'aime pas les parfums ! Aucun parfum !* » Elle pose quelques pansements, lui montre le résultat au miroir : « *Ça te plaît ?* » « *Nan ! J'aime pas les pansements !* » Il se regarde. S'apaise. Réfléchit. « *Je crois que je suis attiré par les femmes.* » Léa : « *Tu crois ?* » « *Je crois.* »

Je retourne à La Chesnaie à l'automne. Il fait encore doux. Devant l'Orangerie, une monitrice remet à Laura ses papiers et sa carte bleue : elle part dans son appartement pour trois jours. Ça l'angoisse un peu. « *Mais j'ai pas envie d'en parler.* » Je voulais manger au Train vert, il est fermé. « *Il faut que tu reviennes, meuf* », dit Laura. Devant le Boissier,

Haydée Sabéran
Après avoir grandi chez les fous, elle est devenue journaliste. Elle a été correspondante de *Libération* à Lille pendant une vingtaine d'années, avant d'intégrer la (petite) rédaction de *XXI*. Elle était spécialiste des migrations. On l'a sommée de raconter autre chose. « *C'était le bon moment* », dit-elle.

Juliette Lagrange
Auteure-illustratrice, elle travaille à l'aquarelle avec beaucoup d'eau, un trait à l'encre fin mais un peu tordu. Elle aime les petites bêtes, les plantes rigolotes, les gens vieux, et les objets qui ne sont pas droits. Elle a publié plusieurs albums jeunesse et travaille également pour la presse.

Hafida fait ses comptes après la distribution quotidienne de tabac. Fred est assis, les yeux fermés, au soleil. Des petits chats sont nés. Félicien les nourrit, il a toujours des croquettes dans la poche. Une nouvelle patiente : « *Je comprends rien.* » Une voix : « *Un jour ça viendra.* » Félicien m'annonce que Thalia est partie. Les cheveux de Claire ont poussé. Elle revient de « vacances adaptées » en Vendée, avec un groupe qu'elle ne connaissait pas. « *La plage, la mer bleue, 10 euros le paquet de clopes, qu'est-ce que c'est cher ! J'étais folle amoureuse d'un moniteur, c'était chaud.* » Elle voudrait partir en maison d'accueil spécialisée, un hébergement pour « adulte handicapé gravement dépendant » mais elle ne trouve pas de place. À l'atelier poterie, Charles, celui qui empilait les verres en silence, est méconnaissable. Il s'est redressé, il parle. Quelqu'un annonce qu'un orage se prépare, « *avec des éclairs* ». Il pouffe : « *Au café ou au chocolat ?* »

Dans l'allée de la Haute Pièce, voilà Claire, celle qui revient de Vendée. Je lui dis au revoir. « *Je suis contente de vous avoir connue*, me dit-elle. *On a bien rigolé. On se prend pas la tête.* » Une *Lettre à Élise* s'échappe du Boissier, c'est Gaspard au piano, un nouveau venu au visage poupin. Un demi-queue est arrivé. Il était rangé dans un coin, quelqu'un a eu l'idée de le sortir. Gaspard a un monde dans la tête. « *Quand Renaud sera mort et que j'aurai fini mes études, je serai le président des années 1980. J'ai découvert des choses sur de Gaulle et Napoléon, personne n'a voulu me croire, comme dans "La Belle et la Bête".* » Sur le piano, il a déposé un sablier de la taille d'une petite bouteille d'eau et laisse s'écouler le sable. Il joue « *Voi che sapete* », l'air de Chérubin des *Noces de Figaro*. Mozart envahit le Boissier. Voilà Étienne.

« *Vous ne portez pas votre collier touareg…
— Non, pas aujourd'hui.
— Qu'est-ce que vous ressentez quand vous le portez ?* »

Hafida m'offre un café. C'est Boris derrière le bar, un patient que je ne connais pas. Il pose mon café sur le comptoir et me regarde : « *Vous êtes en visite avant admission ?* » 🔲

«Des chambres d'isolement qui ressemblent à des cages»

Dans le paysage psychiatrique français, La Chesnaie reste une exception. Ailleurs, on entrave, on isole et on hospitalise de plus en plus sous contrainte. **Adeline Hazan,** contrôleuse générale des lieux de privation de liberté, veut lutter contre la culture de l'enfermement.

Vous contrôlez les lieux d'enfermement à l'hôpital psychiatrique. Qu'avez-vous découvert ?

On enferme de plus en plus. Les hospitalisations sous contrainte ont plus que doublé en dix ans. Cela signifie que les malades sont internés à la demande d'un proche ou d'un préfet, sur avis médical ou, depuis 2011, d'un médecin seul en cas de « péril imminent ». L'utilisation de l'isolement et de la contention augmente. On enferme la personne dans une chambre, parfois en l'attachant au lit par les mains et les pieds. En 2016, dans la loi de modernisation de la santé, un article prévoyait que ces entraves ne devaient être utilisées qu'en dernier recours, et que seul un médecin pouvait en prendre la décision. Celle-ci devait être renouvelée,

ou pas, toutes les vingt-quatre heures. Mais quatre ans après, nous constatons que dans de nombreux établissements ces pratiques sont toujours utilisées en dehors du cadre législatif.

Dans le même temps, pour faire des économies, on supprime des lits et des soignants.

Quand quelqu'un commence à aller mal, il devrait pouvoir obtenir un rendez-vous dans un centre médico-psychologique (CMP) pour voir un professionnel dans les quinze jours. Or il doit parfois attendre six mois. Pendant ce temps, la crise s'aggrave et risque de se solder par une hospitalisation. Je suis pour la suppression des lits en hôpital psychiatrique. Je le dis depuis longtemps : il faut hospitaliser moins. Ce n'est possible que si on augmente les moyens consacrés

à l'extrahospitalier, le nombre de postes en CMP, de places en hôpital de jour, en appartement thérapeutique. Or on ne le fait pas. J'ai récemment visité un hôpital à 110 % d'occupation. On peut trouver trois malades dans des chambres pour deux, j'ai même vu un lit installé dans un bureau. C'est inadmissible.

Quelles sont les conséquences ?

Des soignants moins disponibles, c'est davantage de contention. En 2018, nous avons émis des recommandations en urgence sur le centre hospitalier universitaire de Saint-Étienne : faute de place dans le service de psychiatrie, des patients étaient hospitalisés jusqu'à sept jours aux urgences générales, elles-mêmes saturées. Quelqu'un qui venait pour une dépression, de sa propre initiative, pouvait rester attaché sur un brancard pendant une semaine, sans pouvoir aller aux toilettes, obligé de faire ses besoins dans un urinal.

Vous constatez d'autres faits graves ?

En Guyane, au centre hospitalier de Cayenne, contrôlé en octobre 2018, huit chambres d'isolement ressemblaient à des cages. Au centre de

ÉCLAIRAGE

Retour chez les fous

psychothérapie de l'Ain, à Bourg-en-Bresse, nous avons constaté en janvier 2016 des choses que nous n'avions jamais vues ailleurs : des patients à l'isolement depuis une année, et en contention depuis plusieurs semaines. Même les médecins ne savaient plus depuis quand. Nous avons formulé des recommandations en urgence. Nous sommes retournés voir trois ans après. La direction et la communauté médicale s'étaient retroussé les manches et avaient changé leurs pratiques. Ce qui veut dire que ce n'est pas qu'une question d'effectifs, mais aussi une question de culture d'établissement. Nous l'avons constaté : selon les services, voire selon les étages, les pratiques sont totalement différentes alors que les pathologies et les moyens sont les mêmes.

À l'isolement pendant un an... Ça signifie qu'on ne sort pas de sa chambre pendant trois cent soixante-cinq jours ?
Absolument. Avec un lit scellé, parfois un seau hygiénique en guise de toilettes. Vingt-quatre heures sur vingt-quatre. Des pratiques d'un autre temps, inacceptables.

En dehors de ces cas extrêmes, quelles sont les atteintes aux droits que vous constatez ?
Les caméras de vidéosurveillance en chambre d'isolement, par exemple. En sous-effectif, les infirmiers n'ont pas le temps de passer tous les quarts d'heure, ni même toutes les heures, alors ils surveillent la chambre sur écran, depuis un bureau. Nous ne l'acceptons pas. C'est une

atteinte à la dignité et à l'intimité. Dans certains hôpitaux, pour que les caméras puissent filmer, la lumière est maintenue toute la nuit.

Le temps administratif grignote le temps consacré aux malades, disent les soignants.
Si on veut que les choses soient contrôlées, il faut qu'elles soient tracées. Les établissements doivent savoir combien de mesures d'isolement ils prennent dans l'année pour réfléchir à la façon de les réduire. Ça fait partie de la charge de travail. Si les soignants étaient en nombre suffisant, ils pourraient faire de l'administratif et du relationnel.

Quand vous étiez maire de Reims, vous avez rencontré les patients du centre Antonin-Artaud, qui accueille les malades de jour et pratique la psychothérapie institutionnelle, comme à La Chesnaie.

Certains sont très malades. Mais en faisant participer les patients à leurs soins, on parvient à éviter leur hospitalisation. J'ai aussi passé une journée à La Borde, où sont hospitalisés, avec leur consentement, des psychotiques graves, jamais enfermés. J'ai vu des patients adressés par des hôpitaux qui n'arrivaient plus à rien avec eux dans leurs unités fermées. Le fait qu'il n'y ait plus cette violence institutionnelle leur a permis de récupérer et de prendre en charge leur maladie. Ça marche et c'est moins cher. Des lieux comme La Borde ou La Chesnaie sont plus intéressants pour les patients, mais aussi pour les finances publiques. Mais il y a dans notre société un réflexe d'enfermement pour se protéger des personnes déviantes. Il faut lutter contre la culture de l'enfermement. ▨

PROPOS RECUEILLIS PAR HAYDÉE SABÉRAN

« Des lieux comme La Chesnaie sont plus intéressants pour les patients, mais aussi pour les finances publiques. »

« Un bain d'hospitalité

J'ai 10 ans. Dans la cour du château, un soir de juin, c'est la fin de la fête de La Chesnaie. Près des stands, une monitrice, Martine Benchimol, parle avec un patient. Elle est rayonnante, lui, ratatiné, la tête dans les épaules. C'est elle qui parle. Il répond *« oui... oui... »*. Elle lui rappelle à quel point il est fort en jeux de calcul. Elle tente de tisser une conversation. Elle s'adresse aussi à moi et m'offre cette scène : un adulte qui va mal enveloppé d'humanité par une adulte qui va bien. Le résumé de ce lieu où je passe mon enfance. Martine, le mathématicien et moi. Je raconte souvent ce souvenir qui m'émeut. *« Tu as grandi au milieu des fous ? Tu n'avais pas peur ? »* Non. Je sentais que j'avais de la chance. Les années passent, et je découvre un scandale : les fous livrés à la rue. Je les reconnais, les fous de mon enfance, abandonnés, au lieu d'être à l'abri quelque part. Alors que la psychiatrie est en crise, je retourne sur les lieux de l'enfance. Pour essayer de raconter ce bain d'hospitalité.

À la clinique de La Borde, ce sont les patients qui répondent au standard.

Des pratiques alternatives

Saint-Alban-sur-Limagnole, 1940. Un psychiatre communiste catalan de 28 ans réfugié en France et féru de psychanalyse est embauché dans l'asile de ce village de Lozère. Il n'y a pas assez à manger – pendant la guerre, 45 000 malades mentaux sont morts de faim en France –, alors le jeune François Tosquelles envoie les patients dans les fermes remplacer les hommes partis au front. Les fous se font payer en légumes. Résultat : ils ne meurent pas et sont mieux dans leur tête.

Saint-Alban devint un lieu de résistance, de cache de juifs, de poètes et d'opposants. Après la guerre, de jeunes psychiatres s'y forment, comme Jean Oury, qui fonde la clinique de La Borde à Cour-Cheverny avec le philosophe Félix Guattari. Claude Jeangirard, passé par La Borde, fonde La Chesnaie. Dans les années 1950, le terme de « psychothérapie institutionnelle » naît. La formule, obscure, cache une pratique concrète : on travaille, on mange ensemble, on fait des fêtes, on débat sur un pied d'égalité, on fait un journal, et le fou a la liberté de circuler. Il n'est plus seulement dans le face-à-face avec son psychiatre et ses médicaments, il est soigné par l'institution, du concierge à l'infirmier. La psychothérapie institutionnelle est aujourd'hui négligée dans la formation des psychiatres, tournée vers la recherche en génétique et le médicament. Outre La Borde et La Chesnaie, la clinique de Saumery dans le Loir-et-Cher, le centre Antonin-Artaud de Reims et quelques autres établissements la pratiquent. Les clubs de patients de tous ces établissements ont créé un collectif, le Terrain de rassemblement pour l'utilité des clubs, le Truc.

Un rapport accablant

« L'hôpital psychiatrique tel qu'il existe aujourd'hui en France peut-il encore soigner les malades ? », demandent d'une même voix les députées Martine Wonner (LREM), psychiatre, et Caroline Fiat (LFI), aide-soignante. Leur diagnostic, délivré dans un rapport rendu le 18 septembre 2019, est accablant : lits suroccupés, hausse de la contention et des hospitalisations sous contrainte, patients en soins libres placés en unités fermées faute de place, encombrement des centres médico-psychologiques en ville (trois mois d'attente pour un rendez-vous adulte, un an pour les mineurs). Les patients arrivent en crise aux urgences faute d'avoir pu être pris en charge en ville.

Faut-il rouvrir des lits, alors que leur nombre a été divisé par deux en trente ans ? *« Non »*, dit la députée En marche. *« Oui »*, réclame la députée « insoumise », le temps que des moyens alternatifs soient ouverts en ville. Alors que 80 % de la psychiatrie s'exerce déjà hors de l'hôpital, elles estiment que 80 % du personnel de l'hôpital psychiatrique devrait travailler en extrahospitalier en 2030. Le rapport préconise une uniformisation des pratiques, sans dire un mot sur les lieux ouverts qui pratiquent la psychothérapie institutionnelle. Rien non plus sur la prison : pourtant, près d'un quart des détenus souffre de troubles psychotiques.

FRÉDÉRIQUE JOUVAL

EN COULISSES / POUR ALLER PLUS LOIN

« La psychiatrie, parfois, c'est comme un mauvais film »

Jean-Yves Herment, 41 ans, infirmier à l'hôpital psychiatrique du Rouvray, à Sotteville-lès-Rouen, raconte.

« Mon métier, c'est de parler avec les gens et de faire en sorte qu'ils aillent mieux. Si vous arrivez avec une crise d'angoisse, je peux la calmer en une demi-heure. Le problème, c'est que cette demi-heure, à trois infirmiers pour 26, voire 29 patients, dont 4 mineurs, je ne l'ai plus. Alors je vais vous bourrer de médicaments. Vous serez dans le gaz une heure ou deux et, si j'ai le temps, je viendrai vous voir. C'est pas du bon boulot. Il y a de plus en plus de violence en psychiatrie, parce qu'on ne s'occupe pas assez des gens en amont. Et c'est quoi la réponse ? On met une caméra, et on attache.

Quand j'étais jeune infirmier, on n'utilisait pas la contention. Maintenant, c'est au moins une fois par semaine. C'est comme un mauvais film. Je vous attache sur un lit avec des sangles, les quatre membres, le ventre, voire la tête. Et comme vous ne pourrez pas appeler pour aller aux toilettes, je vous mets une couche. Je passe vous voir toutes les heures, toutes les deux heures, et encore.

> « Je vous attache sur un lit avec des sangles, les quatre membres, le ventre, voire la tête. »

En septembre 2018, dans notre hôpital, on a fait une grève de la faim qui a duré dix-huit jours. Pas pour nos salaires, pour nos patients. On réclamait 30 postes supplémentaires, et la séparation des adultes et des adolescents dans nos services. Il y a eu trois viols de mineurs par des patients adultes dans nos services entre janvier et octobre 2019 ! Un an après notre grève de la faim, on reprend la lutte : on fait des grèves ponctuelles, on tracte, on a bloqué des ponts, occupé l'hôtel de ville. En octobre 2019, on attendait toujours les postes, et le pavillon des mineurs n'est pas programmé avant novembre 2020. »

La Petite Borde
d'Emmanuelle Guattari
Mercure de France, 2012
La fille du philosophe et psychanalyste Félix Guattari retrace avec justesse et poésie son enfance dans les recoins, les parcs et les forêts de La Borde, clinique pionnière de la psychothérapie institutionnelle.

**HP, L'Asile d'aliénés (t. 1)
HP, Crazy Seventies (t. 2)**
de Lisa Mandel
L'Association, 2009 et 2013
À partir des témoignages de ses parents et de leurs amis infirmiers psy à Marseille, Lisa Mandel raconte une histoire de l'hôpital psychiatrique public et de ses dérives en France des années 1960 aux années 1980. Bientôt un troisième tome.

Une parole juste, de temps en temps, a des effets
de Claude Jeangirard
Éd. des Crépuscules, 2018
Le fondateur de La Chesnaie parle de son amitié avec Roland Dubillard, des débuts de la clinique, de l'évidence de l'hospitalité.

La Moindre des choses
de Nicolas Philibert
1997
Patients et soignants de la clinique de La Borde montent une pièce pleine de fantaisie de Gombrowicz, *Opérette*. « *Et maintenant, je flotte un peu*, dit Michel, après le spectacle. *Mais je suis à La Borde, alors je ne crains rien.* »

Kaléidoscope
par Studio Zef
podcasts en ligne, 2019
« *À La Chesnaie, mon esprit s'est mis à fonctionner à nouveau, des idées me venaient, je pouvais parler à quelqu'un. Ç'a été une véritable magie, c'était revenu, j'étais revenue.* » Des patients de La Chesnaie témoignent, au micro d'autres patients, de la psychiatrie institutionnelle sur une radio associative de Blois.

/ À LIRE, À VOIR

« Je ne veux plus être complice »

EN 2012, UN JEUNE HOMOSEXUEL D'ORIGINE MAROCAINE EST ASSASSINÉ EN BELGIQUE. SON PÈRE, **HASSAN JARFI,** PROFESSEUR DE RELIGION ISLAMIQUE À LIÈGE, RACONTE COMMENT IL S'ATTELLE DEPUIS À DÉCONSTRUIRE LES CLICHÉS.

Je savais que mon fils était gay. Depuis son enfance, il était efféminé. Il préférait jouer avec les filles, faisait pipi comme elles, il essayait les chaussures de sa maman. Je pense qu'il y a eu un moment où il a été en lutte contre lui-même, comme s'il sentait que les autres avaient trois mains et lui, deux. Adulte, il a tenté une relation avec une fille et ça n'a pas marché. Et puis il a trouvé une brèche pour pouvoir vivre. Il a assumé d'être lui-même, de porter des t-shirts coupés à hauteur du nombril.

La seule personne à qui il avait parlé de son homosexualité, c'était sa sœur. Elle avait trouvé dans sa chambre la lettre d'un amoureux. Elle s'était mise à pleurer parce qu'elle avait soudain une réponse à ses questions. Ihsane est arrivé. Il l'a vue avec le papier à la main :
« *Tu as lu ?*
— *Oui.* »

LES JOURS D'APRÈS

Il a éclaté en sanglots. Ils ont tous les deux gardé le secret. À la mosquée de notre quartier, à Liège en Belgique, notre famille était connue. J'étais professeur de religion islamique. Entre 2005 et 2007, j'étais le responsable des musulmans de Wallonie, et je remplaçais parfois l'imam quand il partait en vacances. Au sein de la communauté, tout le monde savait pour Ihsane et certains utilisaient son homosexualité pour me décrédibiliser. Quand quelqu'un disait : « *Ah tiens, le Premier ministre qui dirige la Belgique, c'est encore un pédé. Il y en a partout. Il paraît même qu'il y aura une mosquée pour les pédés* », je savais que la phrase n'arrivait pas par hasard. Et qu'est-ce que je faisais ? Je baissais la tête. Je me taisais. Par mon silence, j'étais complice. Je me sentais désarmé. J'étais incapable de leur dire : « *Écoutez, je vous emmerde !* »

Ihsane a disparu le 21 avril 2012. Ce jour-là, c'est l'anniversaire de mon épouse, Nancy. Toute la famille est réunie dans le salon marocain avec de larges divans, des tapis, des fleurs. Les enfants jouent dans tous les sens, l'odeur du couscous embaume la maison. Il ne manque plus qu'Ihsane. « *Il va arriver.* » Il est 21 heures. Je téléphone. Ça sonne une fois. Deux fois. Quatre fois. Messagerie. Une demi-heure après, il n'est toujours pas là. Je suis furieux : « *Pourquoi est-ce qu'il ne vient pas pour l'anniversaire de sa mère ?* » J'interprète cette absence comme une connerie. Nancy souffle ses bougies. Sans Ihsane. Tout le monde repart. Je me convaincs qu'il va s'excuser en apportant un cadeau surdimensionné à sa maman, pour qu'elle lui dise : « *Arrête de faire le fou ! Tu n'as pas les moyens de m'offrir ça !* »

L'autopsie révèle une mort due à la violence des coups, une agonie qui a duré entre quatre et six heures. Et moi, je n'étais pas là.

L'inquiétude grandit comme une plante. Les heures passent, la plante pousse. Portable éteint. Messagerie. Au bout de trois jours, une amie m'écrit via Facebook : « *Hassan, j'ai vu passer l'avis de disparition d'un certain Ihsane Jarfi. J'espère que ce n'est pas ton fils.* » Je m'écroule, je perds connaissance. Quand je reprends mes esprits, j'appelle Talal, le petit dernier. Il me raconte que les policiers ont été prévenus. Ils ont d'abord rétorqué : « *Il est adulte. Il va finir par rentrer chez lui. Peut-être qu'il ne veut pas aller chez son père musulman ? Peut-être qu'il avait un problème avec lui ?* » Ils ont finalement accepté d'ouvrir une enquête. La dernière fois qu'Ihsane a été vu, il montait dans une voiture devant un bar gay de Liège. Je commence à avoir peur.

Le 1er mai, j'ouvre le Coran assis dans mon salon et tombe sur la sourate de Jonas. Dans la tradition musulmane, Jonas reste quarante jours dans le ventre d'un monstre marin avant d'être libéré et de ressusciter. Cette image me donne de l'espoir. On sonne, ce sont sûrement les enfants. Nancy va ouvrir. Et j'entends sa voix de douleur : « *Hassaaaaan on a retrouvé son corps. Il est mort.* » Je dépose le Coran. Je la prends dans mes bras. Elle pleure, pas moi. Je suis comme hypnotisé. Un policier annonce qu'un joggeur a trouvé un cadavre rigide, nu, allongé sur le ventre, près d'un pylône électrique, sur un chemin boueux. Ihsane est à la morgue.

L'autopsie révèle une mort due à la violence des coups, une agonie qui a duré entre quatre et six heures. Écrasement de la cage thoracique. Dix-sept cotes brisées. Écrasement cervical. Mille fois, j'ai imaginé cette scène. Les insultes, sûrement des crachats. Puis la torture : les poings qui cognent, les pieds qui frappent. Et moi qui n'étais pas là. Mon gosse, je le connais, il a dû crier : « *Papa !* » Il m'a appelé, j'en suis sûr. Et je ne l'ai pas entendu. J'étais tranquille dans mon salon sur le canapé. Pourquoi je ne l'ai pas senti ?

Ihsane a été enterré religieusement. Plus de trois cents personnes, musulmans et non-musulmans, ont participé au rituel funéraire à la mosquée et ont accompagné sa dépouille jusqu'au cimetière de Liège. Certains sont allés voir l'imam de Belgique pour lui demander si un homosexuel pouvait être considéré comme musulman. Le dignitaire a répondu oui. Je lui tire ma révérence.

Quand j'étais petit, au Maroc, un homme tenait un atelier de babouches en cuir en face de ma maison. Il était célibataire. J'aimais le regarder tracer son patron, couper le cuir, coller, coudre, tout en fumant du kif. J'étais son coursier, son garçon de confiance. Un soir, de beaux garçons aux cheveux gominés, bien habillés, avec des gourmettes, sont arrivés. « *Hassan, tu veux bien aller nous chercher des bouteilles de Coca-Cola ?* » En revenant, j'ai vu qu'ils avaient mis du rouge à lèvres. J'ai compris qu'ils avaient des relations entre eux.

Pourtant, un jour, le beau-père du fabricant de babouches est arrivé dans l'atelier en tenant un adolescent par le col : « *Tu peux tabasser ton frère ? Parce que je n'en ai pas la force. On l'a surpris en train d'avoir des relations sexuelles avec un garçon.* » J'entendais pleurer : « *Je ne recommencerai plus !* » Le fabricant de chaussures criait : « *Ah oui ? Tu fais comme une fille ?!* » Il frappait son demi-frère alors que lui-même avait des relations avec des hommes. Cette société accepte d'une main, et interdit de l'autre.

Montrez-moi un seul verset du Coran qui dit que l'homophobie est "halal".

Avec le meurtre d'Ihsane, j'ai tout revu. Mes traditions, ma culture, l'éducation que j'ai reçue. Tout. J'avais déjà fait une partie du chemin en venant du Maroc en Belgique et en épousant une Liégeoise, malgré l'opposition de certains dans ma famille. Jusque-là, je n'avais jamais remis en question ce qu'on m'avait transmis. On m'avait dit « ça c'est noir, ça c'est blanc », et je n'avais rien vérifié. Dans les mois qui ont suivi l'enterrement, je me demandais chaque jour : « *Pourquoi c'est arrivé ?* » J'ai senti monter en moi une énergie, une force qui me permettait de faire des choses dont j'aurais été incapable auparavant.

Je me suis laissé guider. J'ai compris que les stéréotypes de la communauté, c'est moi qui les construisais. Si je les acceptais, je les renforçais. Si je les reniais, ils n'existaient plus. Cette force me porte aujourd'hui. Je témoigne tant que je peux, pour ne plus être complice. J'ai pris le flambeau de la lutte contre l'homophobie. Et ce flambeau, je le tiens en tant qu'homme d'origine marocaine, de culture musulmane, avec mon passé et mon patrimoine.

Parfois, j'anime des rencontres dans des écoles. Je partage ma douleur avec les élèves, je leur dis : « *J'ai eu un gamin. J'ai choisi son prénom. Il a reçu une bonne éducation, fait des études. Il travaillait, s'amusait, partait avec nous en vacances au Maroc. Et le soir de l'anniversaire de sa maman, il n'est pas revenu. Il a été tué par quatre voyous parce qu'il était homosexuel.* » J'amène alors les enfants à réfléchir : « *Ils ne l'ont pas tué parce qu'il était homosexuel, mais parce que ce sont des assassins. On ne tue personne pour ce qu'il est. Être homosexuel, ce n'est pas une condamnation à mort. Montrez-moi un seul verset du Coran qui dit que l'homophobie est "halal". Il n'y en a pas. Il faut laisser tomber les masques: l'homosexualité existe au Maroc, en Belgique, partout. Et ce n'est ni un crime, ni une maladie, ni un handicap, ni une erreur génétique. C'est une réalité.* » Les élèves sont de plus en plus nombreux à me répondre que pour eux l'homosexualité est tout à fait normale, qu'ils n'auraient aucun problème à confier à leurs parents qu'ils sont homos.

Le procès des meurtriers de mon fils a lieu en décembre 2014. C'est le deuxième en Belgique pour assassinat avec circonstance aggravante d'homophobie. À la cour d'assises de Liège, je suis frappé par le parquet qui grince à chaque pas. Quand on n'est pas habitué, ça dérange. On nous place à l'avant de la salle d'audience. La pièce est pleine, vous ne pouvez pas imaginer le réconfort que ça donne à ce moment-là. On n'est pas seuls.

Je suis appelé à la barre en tant que partie civile. Les accusés sont assis à ma gauche. Je ne veux pas les voir. Mon fil, Talal, le sait. Spontanément, il se lève et se met debout entre eux et moi. Jamais mon regard ne croise le leur. Puis c'est au tour de ma plus jeune fille, Hind, 33 ans, de témoigner. C'est elle qui avait gardé le secret de l'homosexualité d'Ihsane. Elle fixe les meurtriers droit dans les yeux et leur dit, l'un après l'autre: « *Monsieur, vous êtes un assassin. Vous êtes un assassin. Et vous aussi. Vous devez avoir honte de ce que vous avez fait. Et je n'ai PAS PEUR DE VOUS!* » Elle déclare ça, alors qu'elle est haute comme trois pommes.

Les accusés sont des petits Belges moyens, qui n'ont pas fait d'études. Ce sont des gens qui vont boire, pointer au chômage, traîner. L'un a frappé sa mère et sa sœur. Les autres passaient leur temps à jouer à des jeux vidéo violents, comme celui dont la mission était de descendre en ville, de prendre quelqu'un et de le tuer. Ils ont concrétisé ce jeu-là.

Ils sont allés en voiture devant l'Open Bar en se disant: « *On va se faire une lesbienne ou un pédé.* » Ils ont choisi cet endroit parce qu'il leur fallait un acte d'accusation et un motif de sanction – « *vous êtes homosexuel* » – pour faire leur loi à eux. Ils ont essayé de saisir une fille, mais Ihsane l'a fait rentrer dans le bar, alors ils l'ont appelé, lui: « *Viens.* » Ihsane a sûrement eu peur et il a obéi, comme un enfant qui ne sait pas se défendre.

Même avant de démarrer, les coups ont commencé à tomber. Ils se sont arrêtés pour jeter Ihsane dans le coffre, le déshabiller. Puis ils l'ont emmené dans un endroit isolé, sur un sol rocailleux avec beaucoup de gravats. C'est là qu'ils ont commencé à torturer mon gamin. Quand vous cassez la cage thoracique de quelqu'un à quatre, quand vous lui fracassez le crâne, taillladez son corps, lui causant des entailles de 36 centimètres, essayez de l'étouffer (il avait plein de traces de strangulation, ses organes internes avaient éclaté), ce n'est pas pour le laisser vivant.

Lors du procès, pendant la description des faits, je préfère sortir. Dans le couloir, sous mes pieds, j'entends grincer le plancher. J'essaie de trouver un endroit où le bois craque moins, en choisissant le joint entre les deux lattes. Lorsque je reviens dans la salle, je vois des visages que je connais, que je n'ai pas vus depuis très longtemps. Ils ont un petit sourire et une larme pour dire : « *Voilà, on est avec vous. On ne vous oublie pas. Et on n'accepte pas ce qui est arrivé à Ihsane.* »

Les types ont reconnu le crime mais pas l'intention de tuer. Ils ont dit : « *On a fait ça parce qu'il nous avait dragués !* » Trois d'entre eux ont été condamnés à perpétuité, le quatrième à trente ans de détention. Ils paient leur dette vis-à-vis de la société, mais au fond, à quoi ça sert ? On peut placer les gens en établissement pénitentiaire, mais rien ne changera si on ne travaille pas sur les sources de l'homophobie : le racisme, les différences, le fait de mettre des gens dans des catégories, « l'immigré », « le juif », « le pédé ».

Ce crime m'a catapulté sur le devant de la scène. Maintenant que j'y suis, je ne compte pas me taire. Je me suis tu lorsque mon fils était en vie. Quand j'ai souhaité faire quelque chose en la mémoire d'Ihsane, j'ai demandé à l'échevin de Liège en charge de la culture si on pouvait placer un pavé rose à l'endroit où il avait été enlevé. L'élu connaissait ma famille, il a proposé de créer aussi une fondation pour la lutte contre l'homophobie. Très vite, des personnalités et des hommes politiques se sont investis dans ce projet. Aujourd'hui, Le Refuge est un appartement qui reçoit de jeunes homosexuels dont le coming out se passe mal. Ils se retrouvent souvent à la rue, du jour au lendemain, sans famille. Certains au bord du suicide.

Mon premier métier, c'est traducteur-interprète. Je suis assermenté au tribunal de Liège depuis septembre 1979. Avant, quand on m'appelait pour des missions, je les refusais parce que je ne pouvais pas à la fois enseigner et être au tribunal. Un an après la disparition d'Ihsane, j'ai repris la traduction de l'arabe pour des demandeurs d'asile ou des personnes accusées d'homicide. Je vais désormais au tribunal tous les jours. Dans les couloirs, je rencontre les personnes qui ont défendu mon fils, celles qui ont représenté ses assassins, le magistrat qui a présidé le procès.

Quand je traduis, je suis une interface, une machine. Je prends les discours des prévenus mot à mot et je les retranscris. Mon travail est le même, qu'il s'agisse d'un homicide, d'un dealer ou d'une victime. Parfois, mon cerveau m'envoie un signal : « *Il raconte des conneries* », mais ça n'influence pas les mots que j'utilise.

Les accusés sont des petits Belges moyens, qui n'ont pas fait d'études.

Deux rencontres m'ont marqué. La première, c'était un homme qui avait assassiné un gay. Il l'avait poignardé. Comme mon fils, le garçon avait crié : « *Non, s'il vous plaît, ne faites pas ça !* » La deuxième, c'était un jeune Maghrebin qui demandait l'asile en raison de son homosexualité. Je devais retranscrire son récit, les persécutions qu'il avait subies, les raisons pour lesquelles il voulait quitter son pays pour rejoindre la Belgique. Physiquement, il ressemblait à Ihsane. Ses gestes aussi. Je l'ai vu. Et tout de suite, j'ai ressenti de l'amour paternel pour lui. Quand je suis sorti, j'avais les larmes aux yeux. J'ai eu l'impression d'œuvrer à la libération d'Ihsane. Et à la mienne. 📖

PROPOS RECUEILLIS PAR LUCIE TESNIÈRE

L'histoire d'Ihsane va être adaptée au cinéma par Nabil ben Yadir sous le titre *Animals*.

Hassan Jarfi
Né au Maroc en 1953, il rejoint la Belgique à l'âge adulte. Professeur de religion islamique, il a été responsable du département des mosquées de Wallonie. En 2014, il crée la Fondation Ihsane Jarfi, destinée à lutter contre toutes les discriminations et la violence homophobe.

Morgane Fadanelli
Après quelques années à travailler comme graphiste pour une marque de vêtements pour enfants, elle se consacre aujourd'hui pleinement à l'illustration. Elle vit à Paris et voyage autant que possible.

« Love story » à Téhéran

UNE TROP BRUYANTE SOLITUDE, LE ROMAN DE L'ÉCRIVAIN TCHÈQUE **BOHUMIL HRABAL,** EST LU PARTOUT EN IRAN. LA JEUNESSE S'EMPARE D'UN PERSONNAGE QUI SURVIT À LA CENSURE ET TRANSFORME LE QUOTIDIEN EN ŒUVRE D'ART.

« Voilà trente-cinq ans que je travaille dans le vieux papier, et c'est toute ma "love story". Voilà trente-cinq ans que je presse des livres et du vieux papier, trente-cinq ans que, lentement, je m'encrasse de lettres, si bien que je ressemble aux encyclopédies dont pendant tout ce temps j'ai comprimé trois tonnes. » Hanta travaille dans une cave, à Prague. Chaque jour, il tue des livres. Artisan de la censure, il broie des textes, mais amoureux des mots, il le fait avec soin… Pour les chefs-d'œuvre, il prépare « *un nid* », une boule de papier décorative, et transforme la disparition des lettres en œuvre d'art.

Hanta est le héros d'*Une trop bruyante solitude*, le roman le plus célèbre de l'écrivain tchèque Bohumil Hrabal. Publié clandestinement en 1976 dans une Tchécoslovaquie aux ordres de Moscou, il rappelle le pouvoir universel de la littérature : confronté à tous ces textes condamnés au silence, le personnage choisit de les sauver, à sa façon. « *Voilà trente-cinq ans que je travaille dans le vieux papier, et c'est toute ma "love story"* », récite comme un mantra l'écrivain iranien Sahand Kheirabadi. Il connaît par cœur les premières lignes d'*Une trop bruyante solitude* et les répète avec délectation. Il a fait siennes cette déclaration d'amour à la littérature, et cette critique de la pensée unique. Dans sa ville de Machhad, à l'est de l'Iran, connue pour son conservatisme, l'écrivain dissémine ce texte à l'envi, comme des graines plantées sur une terre asséchée par la propagande : « *Je ne compte plus le nombre de fois où je l'ai donné en cadeau. C'est un livre à lire plusieurs fois, et à faire lire au plus grand nombre.* »

Par Delphine Minoui
Grand reporter franco-iranienne spécialiste du Moyen-Orient, elle est l'auteure des *Passeurs de livres de Daraya* (Seuil, 2017).

LE POUVOIR DES LIVRES
LE SIÈCLE VU À TRAVERS LE DESTIN D'UN TEXTE

Grâce à lui et à des milliers d'autres lecteurs, les mots du Tchèque résonnent dans les ruelles iraniennes, se partagent sur les réseaux sociaux, s'offrent aux proches et se brandissent en slogan. Cette popularité raconte un pays à bout, quarante ans après la prise du pouvoir par l'ayatollah Khomeiny, remplacé depuis par Khamenei, un autre enturbanné. En 1979, la révolution était un chant, un concert de mots, d'utopies. Un élan réfractaire contre un trône protégé. Et puis, les mots se sont tus – ou plutôt ont été « tus ». Le turban a chassé la couronne. Les voiles ont rhabillé les femmes. Les chanteuses ont perdu la parole. Les pages des livres ont été déchirées. Dans les transistors, les mosquées et les manuels d'écoliers, la parole divine de l'ayatollah en chef s'est imposée. Même les rues ont été renommées. Comme une nouvelle grammaire à mémoriser.

Une trop bruyante solitude
de Bohumil Hrabal
Éd. Robert Laffont, 2007

Que reste-t-il de cette révolution, hormis le nom attribué à une avenue centrale de Téhéran, Enghelab, « liberté » en persan ? C'est la rue des universités, les livres jonchent le sol, les étudiants arrachent un peu de savoir, d'indépendance et d'amour. Comme Sahand, ils pénètrent l'intimité feutrée des librairies, dépassent les vitrines bouffies par une littérature aseptisée. Puis, au fond des rayons, se laissent guider par l'appel furtif du chef-d'œuvre. *Une trop bruyante solitude.*

La traduction persane, publiée et republiée, inspire autant qu'elle illustre une nouvelle génération iranienne éprise de liberté. « *Quand je l'ai lu pour la première fois, ce livre fut une vraie révélation* », se souvient Newsha Tavakolian. Il y a dix ans, la photographe iranienne, qui travaille pour l'agence Magnum, tombe sur un article consacré à l'écrivain tchèque dans un quotidien de la presse réformiste. Intriguée par ce génie des mots confronté en son temps à la censure – deux de ses livres ont été condamnés au pilon –, elle achète ce roman et le dévore d'une traite. « *Une expérience inoubliable !* », dit cette enfant de la révolution, née en 1981, et qui n'a connu, comme plus de la moitié des Iraniens, que le système castrateur de la République islamique.

Tout, dans l'histoire de Hanta, le narrateur, résonne tel un écho à sa propre condition : « *Je me sentais embarquée par cette histoire qui nous lie inéluctablement : comment s'affranchir de la censure en sondant au plus profond de soi une nouvelle voix, une forme créative singulière ? J'aime comparer sa machine à mon appareil photo. En Iran, nous vivons sous pression permanente : politique, sociale, morale. Mais si nous parvenons à nous évader à travers l'art, nous pouvons emprunter le chemin de la liberté. Cet ouvrage est une parabole de notre condition, mais également un chant d'espoir.* »

Ce livre trône sur le devant de sa bibliothèque. L'automne frémit. L'Irak et le Liban manifestent. La protestation s'étend à Téhéran en novembre, très violemment réprimée. Sur la Toile persane, que les autorités tentent de museler, les mots de l'écrivain tchèque continuent de fleurir. Une phrase du Talmud reprise dans le texte fait résonner sa *Trop bruyante solitude* : « *Nous sommes semblables à des olives, ce n'est qu'une fois pressés que nous donnons le meilleur de nous-mêmes.* »

JEANNE MACAIGNE

Sauver ce monde merde de

UN TIERS DE L'HUMANITÉ N'A PAS
ACCÈS À DES WC. LE MANQUE D'ASSAINISSEMENT
TUE CHAQUE JOUR 814 ENFANTS
DE MOINS DE 5 ANS. BILL GATES EST CONVAINCU
QUE LA TECHNOLOGIE PEUT
TOUT CHANGER. L'HOMME
LE PLUS RICHE DU MONDE S'EST DÉCOUVERT
UNE NOUVELLE PASSION :
RÉINVENTER LES TOILETTES.

Par Arnaud Robert — Illustrations Alice Meteigner

« Il y a peu de choses que j'aime autant que parler des toilettes. »

BILL GATES, L'HOMME LE PLUS RICHE DU MONDE

C'est une sorte de palais high-tech, un centre des congrès flambant neuf au cœur de Pékin, appelé le Guardian Art Center. Il y a des berlines diplomatiques, des portiques de sécurité. Des oreillettes. Des costumes et des tailleurs. Et puis, un nom délicatement posé sur une chaise : Bill Gates.

Bientôt, la salle est plongée dans le noir. En une seconde, le silence se fait. Bill Gates n'est pas très bien coiffé – c'est en général à cela qu'on le reconnaît. Il porte une cravate mauve et une chemise au col trop large. Il grimpe sur l'estrade et pointe du doigt une jarre transparente qu'on a déposée sur un socle à côté de son pupitre. « *This is a container of human feces* » (« c'est un bocal rempli d'excréments humains »). En effet. Une merde presque liquide, aux reflets jaunâtres, qui semble fraîche.

Derrière l'homme le plus riche du monde, sur l'écran géant, une animation de bactéries fécales. On dirait du Vasarely mêlé à du Pollock. L'image se propage immédiatement sur les réseaux sociaux, chez les 48 millions de followers de son compte Twitter mais aussi dans tous les médias de la planète. L'ancien PDG de Microsoft avec un échantillon de selles humaines. Ce 6 novembre 2018 à 10 h 17 heure de Paris, soit sept heures exactement après que l'Américain a soulevé sa jarre, les journaux relaient une dépêche augmentée de vidéos de communication où il pose tout sourire sur des WC, avec le texte : « *Il y a peu de choses que j'aime autant que parler des toilettes.* »

Depuis plus de dix ans, l'un des plus grands philanthropes de l'histoire est obsédé par les excréments. La Fondation Bill et Melinda Gates, créée en 2000, se consacre à des questions auxquelles la plupart des gens ne connaissent rien (la culture du riz ou les maladies tropicales comme le paludisme), dans des pays où ils n'iront jamais. Il est difficile de capter l'attention du public occidental avec des thématiques qui paraissent, à ses yeux, floues et lointaines. Mais Bill Gates, qui a légué la quasi-totalité de sa fortune à sa fondation, s'est entouré des meilleurs communicants. Ces experts ont estimé qu'il fallait davantage que la belle générosité d'un milliardaire pour interpeller le grand public. Il fallait un coup. De la merde humaine en bocal à Pékin, c'est un coup.

Nos sanitaires coûtent trop cher

Tout commence le 9 janvier 1997. Ce jour-là, Bill Gates lit dans le *New York Times* un article sur la nocivité de la défécation à l'air libre. Il est signé de la star du grand reportage américain, Nicholas D. Kristof. Le texte s'ouvre sur une scène spectaculaire : des enfants du bidonville de Thane, près de Bombay, jouent dans les égouts à

148—XXI **Sauver ce monde de merde**

ciel ouvert. Sous le titre, « Dans le tiers-monde, l'eau est toujours une boisson mortelle », l'auteur déroule les conséquences d'un mauvais assainissement sur la santé humaine : un seul gramme de matière fécale contient plusieurs millions de virus et de bactéries, sans oublier les parasites. À l'époque, entre 800 et 1 000 enfants de moins de 5 ans meurent chaque jour en raison d'une diarrhée due à un manque d'assainissement, une eau insalubre ou une mauvaise hygiène.

Depuis qu'il parcourt les quartiers pauvres du monde, Bill Gates visite régulièrement des latrines. Il a souvent entendu dire que les enfants qu'il tente de guérir du paludisme meurent en réalité des effets d'un assainissement médiocre ou inexistant. Mais c'est avec cette lecture du *New York Times* qu'il a une « *illumination* », raconte-t-il dans la série documentaire de Netflix qui lui est consacrée, *Dans le cerveau de Bill Gates*. En refermant son journal, il décide de « *réinventer les toilettes* ». Comme pour chaque cause pour laquelle il s'engage, Bill commence par tout lire, avec avidité, il voyage abondamment puis convoque chez lui, à Seattle, des spécialistes mondiaux qui ignorent encore quelle mission sacrée va leur tomber dessus.

Bill Gates découvre qu'à l'époque, plus de 2 milliards de personnes n'ont pas accès à des toilettes ou des latrines privées, près de 1 milliard font caca à l'air libre. En Haïti, l'épidémie de choléra qui a suivi le séisme de 2010 et tué plusieurs dizaines de milliers de personnes était due à des rejets d'excréments dans un affluent du fleuve Artibonite.

Le milliardaire comprend que notre système sanitaire n'est pas non plus un modèle d'avenir. Se soulager dans 6 à 12 litres d'eau potable, avec des cabinets reliés aux égouts et aux stations d'épuration, coûte cher, requiert trop d'eau et pollue les océans. Selon l'ONU, 80 % des eaux usées sont rejetées dans l'environnement sans traitement adéquat. Si les Indiens, les Chinois et les Africains se mettent tous au modèle occidental de sanitaires, la planète sera détruite encore plus vite que prévu.

> « Ces gars sont en train de changer le monde. Les technologies testées dans les pays en développement finiront aussi par nous servir à nous, les riches. »

JACK SIM, « MISTER TOILET », FONDATEUR DE L'ORGANISATION MONDIALE DES TOILETTES

Alors, en 2011, Bill Gates et sa fondation lancent le «Reinvent the Toilet Challenge», un concours destiné à promouvoir l'innovation dans le monde des toilettes et de l'assainissement. L'Afrique a adopté le téléphone mobile sans passer par la case téléphone fixe : ça s'appelle le *leap frog*, le saut de grenouille. L'idée de Bill Gates est de faire la même chose avec les toilettes. C'est-à-dire que les pays sans égouts ni chasse d'eau passent directement aux WC du futur. Il s'agit de privilégier des latrines sèches ou économes en eau, qui traitent *in situ* les déchets organiques et peuvent même générer des profits en les recyclant. Certains modèles dotés d'un petit réacteur chauffent les excréments pour produire une poudre inoffensive, utilisable comme terreau. Quant à l'urine, elle est traitée et réinjectée dans le système. Cette machine ne doit presque rien coûter, ni à son propriétaire ni à l'environnement. L'idéal, c'est qu'elle rapporte, tout en sauvant des enfants.

« Nous sommes en train de rendre le caca cool ! »

Sept ans plus tard, le philanthrope a financé, à coup de centaines de millions de dollars, des chercheurs et des universités du monde entier. Il les réunit à Pékin en 2018 pour la «Reinvented Toilet Expo» – notez l'usage du passé : selon Bill, les toilettes ont désormais «été réinvent*ées*».

Derrière son pupitre, après avoir exposé sa jarre de merde aux yeux de tous, Gates explique : *« Il ne s'est rien passé de neuf en matière de toilettes depuis l'invention du papier double ! En 2009, j'ai posé la question à des scientifiques : peut-on se passer de toilettes à chasse, d'égouts, d'usine de traitement des eaux ? Tout le monde était sceptique. Aujourd'hui, la question ce n'est plus si. C'est quand. »* Tonnerre d'applaudissements.

Bill Gates dresse le parallèle entre son expertise en matière informatique et sa nouvelle obsession : *« Ce que je vais vous présenter aujourd'hui est mieux qu'une nouvelle version de Windows […] Quand j'ai commencé, l'idée même que chacun puisse posséder un ordinateur à domicile semblait folle, c'est la même chose avec les toilettes. Les grandes entreprises ne voulaient pas investir avant d'être sûres que la technologie soit assez développée. C'est pour ça que nous soutenons ceux qui inventent les toilettes du futur. »*

À Pékin, le Médicis du caca annonce un nouvel investissement de 200 millions de dollars dans le soutien à des projets de recherche et développement – qui s'ajoutent aux 200 millions déjà consentis. Derrière lui, une frise retrace l'histoire de l'humanité à travers les toilettes et s'achève sur un modèle élégant, muni d'un écran tactile,

150—XXI **Sauver ce monde de merde**

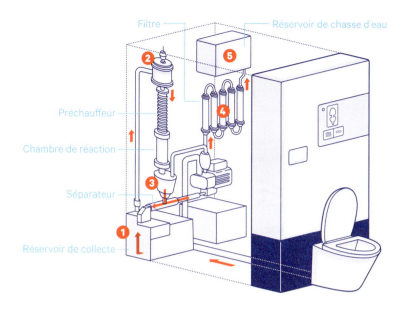

Les toilettes Helbling, écologiques et high-tech

Le prototype de la firme suisse fonctionne à l'électricité et en circuit fermé, sans besoin d'un accès à l'eau. À plus de 50 000 dollars.

❶ Après avoir tiré la chasse, les déjections vont dans le réservoir de collecte.

❷ Les déjections sont chauffées à 160°C. À cette température, les bactéries et les virus sont tués.

❸ Les solides et les liquides sont séparés. La partie solide est transformée en charbon de bois, une source d'énergie précieuse avec de nombreux usages possibles.

❹ Les liquides sont nettoyés par un système de filtration.

❺ Les liquides filtrés sont réinjectés dans le réservoir de la chasse d'eau.

baptisé « Helbling Toilet ». Pour la Fondation Gates, la firme zurichoise Helbling a conçu une version écologique et autonome, high-tech, la plus éloignée possible de l'image d'une latrine dans un bidonville. Il s'agit de montrer que, pour un coût raisonnable, les toilettes du XXIᵉ siècle peuvent aussi être adoptées par les pays développés. Le prototype a coûté plus de 50 000 dollars, mais selon Helbling, produit à large échelle, il ne dépassera pas les 500. Par la force de frappe du philanthrope, le modèle Helbling incarne à lui seul le futur mondial des toilettes. Les ingénieurs suisses, qui n'étaient pas au courant de l'exposition massive de leur invention, vivent ce matin-là l'émotion de leur vie.

Le patron de la Banque mondiale, Jim Yong Kim, prend la parole et rend hommage aux employés de Gates qui sont allés chercher la crotte bicolore : « *C'est un niveau de dévouement qu'on ne rencontre pas souvent !* » Éclat de rire collectif. Ensuite, le directeur explique que la mort de près d'un enfant sur dix est due à la diarrhée ou encore que la Banque va investir 1 milliard de dollars en partenariat avec la Fondation Gates. Il conclut : « *Nous sommes en train de rendre le caca cool !* »

À la « Reinvented Toilet Expo », les exposants se battent pour vos excréments. Sur deux étages, ils présentent leurs inventions : des cuvettes à diversion, des centrales à combustion sèche, les pissotières du monde nouveau… C'est une foire d'empoigne feutrée et inodore. Il y a les chercheurs d'Eawag en Suisse, Cranfield University, University of South Florida, Duke University, University of Toronto, Caltech à Los Angeles… Un professeur américain raconte, en exigeant le plus strict anonymat, à quel point le financement de la Fondation Gates est un graal : « *Le secteur n'intéressait pas beaucoup avant qu'il s'y engage. Il a tout changé, avec forcément le risque qu'il soumette la recherche à sa vision.* » Et d'ajouter : « *Vous savez, le département assainissement de la Fondation Gates se bat une année pour obtenir l'attention de son boss pendant deux heures. Son agenda est celui d'un président.* »

Mister Toilet veut « faire de la honte une fierté »

La Fondation Bill et Melinda Gates a sélectionné avec soin ses orateurs. Des personnalités racontent en une trentaine de minutes l'histoire bouleversante de leur action décisive dans le domaine des toilettes. Une ancienne parlementaire mongole diffuse une vidéo filmée au téléphone portable de la tempête de neige qu'elle a affrontée pour pousser les paysans des steppes à se soulager dans un trou plutôt que dans la nature. Une entrepreneure de Dakar vante sa reconversion : d'agent bancaire à directrice des vidangeurs de latrines au Sénégal, un des pays où la Fondation a installé un prototype d'Omni Processor,

de petites stations d'épuration décentralisées qui mangent des excréments et recrachent de l'énergie, conçues par les Indiens et les Chinois. Mais la présentation la plus remarquée, celle qui incarne à merveille le *storytelling* encouragé par Gates – je l'écris sans ironie, vu que j'en ai eu les larmes aux yeux – est celle de Doulaye Koné, un spécialiste du génie sanitaire né en Côte d'Ivoire. Il monte sur scène, la voix brisée par la pollution ou l'air conditionné de Pékin, dans une ambiance sonore de forêt tropicale. « *C'est le son délicieux que j'entendais, enfant, quand j'allais faire caca dans les bois. Je me demandais pourquoi les gens mouraient.* »

Koné raconte la touffeur des latrines, l'odeur, les mouches. Il a 12 ans quand il rencontre sa première chasse d'eau. « *Je ne savais pas l'utiliser.* » Koné se rêve astronaute jusqu'au jour où il découvre les maladies infectieuses : « *J'ai compris que les gens morts autour de moi avaient été atteints de maladies qu'on aurait pu prévenir, j'ai décidé d'apprendre à nettoyer l'eau.* » Il devient ingénieur. Il part en Belgique, montre pour le prouver la photo de son premier passeport. Il a 24 ans. « *J'ai été déçu, on nous apprenait à gaspiller 200 litres d'eau par jour pour nous débarrasser de notre caca. Je ne voyais pas comment j'aurais pu retourner chez moi et utiliser ce savoir-là.* »

Koné décrit alors ce jour de 2009 où il apprend que Bill Gates veut le voir à Seattle. « *J'ai pensé que c'était un spam, du genre où l'on nous dit qu'on a gagné à la loterie.* » À la table, il ne reconnaît pas le mécène en chef : « *J'ai cru que c'était un scientifique parmi les autres.* » Au fil de ce conte véridique, celui d'un enfant de la campagne ivoirienne devenu l'un des directeurs de la Fondation Bill et Melinda Gates, quelque chose s'affirme de la stratégie du milliardaire. Il a financé des expériences de recherche et développement, des entreprises, et même des États, comme le Sénégal ou l'Inde, pour qu'ils testent des technologies à l'échelle du pays. Il s'est donné les moyens de changer le monde. Mais Bill, après dix ans d'investissements, commence à s'impatienter. Il voudrait que le marché prenne le relais de la philanthropie.

> **« Singapour voulait parler d'"eau", c'était plus glamour. La Russie préférait "hygiène". Il fallait que j'impose le mot "toilettes". Si j'arrivais à lui donner une légitimité politique, alors j'avais réussi ma vie. »**
>
> JACK SIM, À PROPOS DE L'ADOPTION PAR L'ONU D'UNE JOURNÉE MONDIALE DES TOILETTES

Un autre orateur étaie cette vision du monde. Jack Sim, petit homme de 61 ans surnommé Mister Toilet, a pris l'habitude de poser accroupi sur un trône. *« Les mecs qui bossent dans le développement sont super austères. Ils ont du mal à parler caca parce qu'ils se soucient de leur image. Moi, je n'ai rien à perdre. Je pense que tout passe avec l'humour. »* Sa recette ? *« Faire de la honte une fierté »*, que les gens se vantent d'avoir des WC, *« comme d'autres le font pour un sac Louis Vuitton »*. Né pauvre à Singapour, Jack Sim a connu une vie miraculeuse, il a très vite arrêté l'école, fait fortune dans le bâtiment puis pris sa retraite sur un coup de tête au début des années 2000 pour faire des latrines un enjeu de société. Son modèle, c'est Mister Condom, un Thaïlandais qui a fait entrer le préservatif dans les mœurs en se mettant en scène sur les plateaux de télévision. Fondateur de l'Organisation mondiale des toilettes et du Sommet international des toilettes, Jack est allé jusqu'à faire adopter par l'ONU une Journée mondiale des toilettes, le 19 novembre. *« Singapour voulait parler d'"eau", c'était plus glamour. La Russie préférait "hygiène". Il fallait que j'impose le mot "toilettes". Si j'arrivais à lui donner une légitimité politique, alors j'avais réussi ma vie. »*

Et Mister Toilet évoque l'enchaînement des consciences qui part des visionnaires pour s'étendre aux hommes politiques, puis aux bureaucrates qui élaborent des lois permettant elles-mêmes à la recherche de prospérer et au marché d'annexer les découvertes : *« Le fait que Bill s'engage a forcément influencé le Premier ministre indien Narendra Modi et le président chinois Xi Jinping. Ces gars sont en train de changer le monde. Les technologies testées dans les pays en développement finiront aussi par nous servir à nous, les riches. »*

« Au fond de la cour, un enfer bactériologique »

Pour lancer sa «Reinvented Toilet Expo», Bill Gates n'a pas choisi Pékin par hasard. En 2015, 193 pays, dont la Chine, ont approuvé les 17 objectifs de développement durable de l'ONU. Dans le sixième point, les signataires se sont engagés à assurer, d'ici à 2030, *« l'accès de tous, dans des conditions équitables, à des services d'assainissement et d'hygiène adéquats et [à] mettre fin à la défécation en plein air en accordant une attention particulière aux besoins des femmes, des filles et des personnes en situation de vulnérabilité »*. Cette même année, Xi Jinping lance sa propre révolution des toilettes. Il annonce que les lieux d'aisance publics doivent impérativement être améliorés sur les sites touristiques – sur les réseaux sociaux, les plaintes des voyageurs sont légion, il en va de l'image de la Chine. Pékin revendique la construction de 68 000 toilettes publiques entre 2015 et 2017, et 64 000 autres sont planifiées. Les autorités locales se livrent à une concurrence âpre pour obtenir un nombre

HIVER 2020 —XXI—**153**

> **« Certains se demanderont s'il s'agit du rôle d'un Premier ministre... Mais, mes frères et sœurs, nous vivons au XXIᵉ siècle. N'est-ce pas douloureux que nos mères et nos sœurs défèquent à l'air libre ? »**
>
> LE PREMIER MINISTRE NARENDRA MODI

d'étoiles maximal dans la classification du ministère. Des sommes astronomiques sont consacrées pour bâtir des toilettes avec reconnaissance faciale, téléviseur devant chaque urinoir, chargeurs de téléphone, fours à micro-ondes ou distributeurs de boissons. Sur la place Tian'anmen, au pied de la Cité interdite, les urinoirs posés sur le sol minéral sont équipés de capteurs de présence. À Fuyang, dans la Chine orientale, une réplique du Capitole américain sert de WC. À Chongqing, c'est un appareil photo géant, et à Xiangyang, une immense coccinelle à corps rouge et bleu.

En 2017, le secrétaire général du Parti déclare que la révolution sanitaire s'applique désormais aux zones les plus reculées du pays. Dans les faits, les toilettes rénovées par l'État sont la plupart du temps des latrines sèches sans aucune autre forme d'expertise que la science du maçon qui cimente le sol. Peu d'habitants les utilisent. Quand je parle avec Jack Sim (Mister Toilet) de ces WC des campagnes chinoises, un soir dans l'hôtel de Pékin où il est logé par la Fondation Gates, il n'est pas étonné : *« Lorsqu'on sort des villes, c'est encore une abomination. Je professe le plaisir des toilettes, c'est un message qui met du temps à s'imposer. J'ai visité ici des villas bourgeoises dont le propriétaire possédait l'air conditionné, une télévision à écran plasma, une belle voiture neuve, mais ses toilettes étaient une sorte d'enfer bactériologique perdu au fond de la cour. »*

Même chose en Inde, le deuxième pays le plus peuplé de la planète, où, il y a quatre ans seulement, 490 millions de personnes ne disposaient pas de WC. En 2014, le 15 août, jour de l'indépendance, le Premier ministre Narendra Modi surprend en déclarant : *« Certains se demanderont s'il s'agit du rôle d'un Premier ministre, si le nettoyage n'est pas une tâche trop triviale… Mais, mes frères et sœurs, nous vivons au XXIᵉ siècle. N'est-ce pas douloureux que nos mères et nos sœurs défèquent à l'air libre ? »* Ce jour-là, Modi annonce le lancement de la mission « Swachh Bharat » (« Nation propre »). Il laisse aux collectivités publiques cinq ans pour éradiquer la défécation à l'air libre à la date symbolique du 2 octobre 2019, 150ᵉ anniversaire de la naissance de Gandhi.

Les WC de Tata

Modi imagine un programme comme en rêvait le père de la nation indienne, un mouvement populaire plutôt qu'une simple décision politique. Son emblème, visible partout dans le pays, sur les billets de banque, les murs des écoles, et dans les journaux : les lunettes rondes de Gandhi. Le modèle de toilettes préconisé, en particulier dans les zones rurales, est celui de la latrine à double fosse. Une des plus grosses multinationales indiennes, le groupe Tata, participe via sa fondation à la mission, épaulée par la Banque mondiale, l'Unicef et l'OMS.

154—XXI **Sauver ce monde de merde**

2 milliards de personnes n'ont pas accès à des toilettes ou des latrines privées.

10 % de la population mondiale consomme des aliments provenant de cultures irriguées par des eaux usées.

673 millions défèquent dans des caniveaux, des tas d'ordures, des plans d'eau.

Melinda Gates puis Bill signent chacun leur tour un éditorial dans un grand journal indien pour célébrer les mérites du Premier ministre indien.

Même Bollywood se bat pour les latrines. La fiction à succès *Toilettes : une histoire d'amour* raconte le destin d'une jeune promise qui refuse de se marier parce que son fiancé n'a pas de petit coin chez lui. Dans son bureau, aux côtés des statuettes de Ganesh, le réalisateur Shree Narayan Singh a encadré un tweet de Bill Gates qui mentionne son film comme l'une des meilleures choses survenues en 2017 : une *« romance de Bollywood qui traite du défi auquel l'Inde fait face concernant l'assainissement »*.

Mais la révolution indienne des toilettes à marche forcée pose le problème de la fiabilité des installations, réalisées sans étude géologique, parfois sur des terres friables où les matières fécales pourraient contaminer les cours d'eau. Autre obstacle majeur à la nation « Open Defecation Free » (« libérée de la défécation à l'air libre ») : la religion. L'hindouisme considère qu'il est impur de vivre à proximité des excréments, et par extension de posséder des toilettes à domicile. La tradition puranique exige de tirer une flèche depuis sa maison pour déféquer à une distance raisonnable. Avec l'urbanisation, les gens ont commencé à se soulager les uns à côté des autres, de plus en plus près des maisons. Le gouvernement peut construire des millions de latrines, encore faut-il que les gens s'en servent.

Dans les villages de l'Uttarakhand, la fondation du groupe Tata a bâti des WC dans chaque maison : une petite cahute, des toilettes à la turque, deux fosses qu'on utilise en alternance. Tata a engagé des agents locaux pour veiller à leur utilisation, et élaboré des méthodes de communication pour changer les comportements. Pourtant, je n'ai pas cherché longtemps avant de rencontrer dans une école des enfants qui continuent de déféquer en extérieur, ou des villageois qui expliquent qu'ils préfèrent se soulager dans la rivière.

Une référence mondiale de l'assainissement m'a fait un aveu, répétant plusieurs fois qu'il ne voulait pas être identifié, de peur d'être « ostracisé » : *« Les statistiques du programme "Nation propre" sont exagérées à cause de la compétition entre les districts et la pression politique. Le Gujarat a annoncé qu'il était "Open Defecation Free" alors que des études montrent que 29 % des foyers n'ont pas de toilettes. Je suis allé dans un village de l'Uttar Pradesh où les gens vidaient chaque semaine les fosses septiques dans un cours d'eau. Il nous faut des études sanitaires indépendantes. Mais est-ce possible quand le Premier ministre est aussi autoritaire et qu'il s'est personnellement engagé dans ce programme ? »*

« On devrait inventer un nouveau rituel pour que les gens aient envie d'utiliser les toilettes. Les ingénieurs se soucient du fonctionnel. Nous devons penser à l'émotionnel. »

BÉRANGÈRE MAGARINOS-RUCHAT, DE LA MULTINATIONALE SUISSE FIRMENICH

Dans l'État du Maharashtra, Pune, 3,5 millions d'habitants, est l'une des *smart cities* indiennes qui parient sur les nouvelles technologies pour envisager toutes les questions urbanistiques – des capteurs de pollution aux feux de signalisation, en passant par les techniques d'assainissement les plus avant-gardistes. Guidé par des agents municipaux, j'y ai arpenté un quartier informel où 4 000 toilettes ont été installées dans de minuscules maisons dont le deuxième appartement à l'étage est trop fragile pour supporter des installations sanitaires. Les familles du haut fréquentent donc les toilettes publiques – une bâtisse sans eau où quatre portes sur cinq sont condamnées et où des excréments sont étalés sur le sol. Par dépit, beaucoup préfèrent le plein air. Pune a pourtant été déclarée «Open Defecation Free».

À Pune, j'ai également visité un projet financé par la Toilet Board Coalition (TBC), le lobby mondial des toilettes, institution incontournable dans l'assainissement. Fondée en 2014 sous l'impulsion de la multinationale anglo-hollandaise Unilever (quatrième acteur mondial de l'agroalimentaire), la TBC agglomère des puissances du secteur sanitaire (Lixil, Kimberly-Clark), de l'eau (Veolia), des fragrances (Firmenich), des agences de développement nationales et internationales (Unicef, Banque mondiale). La TBC soutient à Pune un concept de toilettes pour femmes dans des bus municipaux désaffectés.

Ces bus roses se veulent un paradis de l'aisance : distributeurs de lingettes hygiéniques et nettoyage systématique par une employée après chaque passage. Une entreprise locale y teste des capteurs sur les eaux usées. L'étape suivante, c'est l'analyse des données issues des excréments, le graal de la TBC. Ses membres en sont convaincus : un jour où l'autre, le simple fait d'uriner pourra immédiatement informer sur notre état de santé, nos carences alimentaires, les maladies que nous couvons, dont le diabète. À un échelon plus large, des compagnies pharmaceutiques pourraient acheter les données d'une communauté entière. Et les collectivités publiques, déceler des épidémies.

Une révolution parfumée

Ce jour-là, dans le petit bus rose, Bérangère Magarinos-Ruchat accroche à la porte d'un cabinet un échantillon de désodorisant. *«Test produit !»*, s'amuse la directrice du développement durable pour la multinationale genevoise Firmenich. Il y a chez elle, qui passe l'essentiel de son temps dans un avion à préparer sa prochaine allocution, un mélange de syntaxe émancipatrice et une vraie profondeur d'appréhension d'un monde où les problèmes semblent si écrasants qu'il serait plus facile de ne pas s'y plonger. Elle me parle des temples hindous. *«Ils sont pleins de trucs qui sentent bon. Les gens ont envie d'y aller.»*

Elle a beaucoup lu les théories comportementalistes du paternalisme libéral, qui estiment qu'un *« coup de pouce »* peut influencer sans forcer la prise de décision positive de groupes ou d'individus.

Bérangère Magarinos-Ruchat m'explique que l'odeur, champ d'investigation longtemps considéré comme frivole, typiquement féminin, est fondamentale lorsqu'il s'agit de changer des comportements : *« On devrait inventer un nouveau rituel pour que les gens aient envie d'utiliser les toilettes plutôt que de déféquer à l'air libre. Il ne faut pas laisser les toilettes aux seuls ingénieurs. Ils se soucient du fonctionnel. Nous devons penser à l'émotionnel. »* Il faut que les toilettes soient belles, qu'il y sente bon et qu'on s'y rende comme à une prière. C'est aussi l'avis de Bill Gates, qui a cofinancé à hauteur de 6 millions de dollars la recherche du désodorisant ultime élaboré par Firmenich, celui qui élimine les odeurs d'excréments au lieu de les camoufler.

Ce tour de magie, Bérangère Magarinos-Ruchat le raconte avec un enthousiasme communicatif lors de la « Reinvented Toilet Expo » de Pékin, où je la retrouve. Assise à droite de Bill Gates lors du panel d'ouverture, elle se lance : *« Notre métier, c'est de créer des émotions positives. »* Elle remonte à ce jour où Firmenich (8 000 employés, 22 usines, une cinquantaine de sociétés, 23 filiales, un chiffre d'affaires de 3,4 milliards d'euros en 2018) a rencontré le philanthrope. C'était il y a quatre ans. Bill Gates avait eu l'intuition qu'il ne servait à rien d'alimenter les pays en développement de latrines neuves si les populations refusaient de les utiliser à cause de leur puanteur. *« Nous menons des recherches sur la suppression des mauvaises odeurs depuis les années 1930. Nous avons donc voulu relever le défi. »* C'est ainsi que le groupe suisse, qui fabrique des saveurs pour des soupes chinoises, des chips au fromage, des chewing-gums, des déodorants L'Oréal, du savon Palmolive, de la lessive Ariel et des fragrances fines (Bloom de Gucci, Classique de Jean Paul Gaultier, Daisy de Marc Jacobs, One de Calvin Klein), a passé quatre ans à réinventer l'odeur des excréments pour le milliardaire.

432 000 personnes meurent chaque année de maladies dues à un manque d'assainissement.

814 enfants de moins de 5 ans meurent chaque jour en raison de diarrhées dues à un manque d'assainissement, une eau insalubre ou une mauvaise hygiène.

Une école sur trois n'est pas équipée de toilettes salubres. Une sur cinq n'a pas de toilettes du tout.

Il est arrivé à tout le monde de pulvériser dans ses toilettes un désodorisant à la rose musquée ou au citron vert. Malgré tous nos efforts, il en résulte en général une espèce de combinaison peu flatteuse d'odeurs de lavande et de matière fécale. On s'est contenté d'ajouter une odeur chimique à une odeur biologique. La nouvelle technologie de Firmenich, baptisée Deodecode, ajoute une légère odeur de propre (elle se décline en trois fragrances, dont le citron) mais surtout, elle éradique la puanteur initiale. De manière empirique, on pressent un tournant, dont les applications économiques sur le marché croissant de la lutte contre les mauvaises odeurs semblent prometteuses. Bill Gates, resté un geek éperdu d'innovations et des marchés qu'elles ouvrent, l'a bien saisi. Et cette prouesse olfactive peut être testée ici, à Pékin, sur le stand de Firmenich.

Lors des tables rondes suivantes, de nombreuses questions ont émergé. Sur la durée du blocage des récepteurs olfactifs, la dangerosité du procédé pour les cellules nasales ou les problèmes liés à la suppression de la perception d'odeurs qui peuvent avertir d'un danger. Que se passe-t-il si on ne perçoit pas un problème plus profond dans l'installation sanitaire, des canalisations bouchées, par exemple ? Le risque n'est-il pas de moins nettoyer les toilettes et donc de laisser prospérer les germes ? Ces questions, j'aurais adoré les poser au président du conseil d'administration, Patrick Firmenich, au PDG, Gilbert Ghostine,

ou aux chercheurs de la firme. Mais après une très longue attente, toutes mes demandes d'entretien ont été déclinées. Plusieurs raisons expliquent sans doute cette décision : la discrétion, la logique de communication, l'idée peut-être que la marque ne souhaite pas être irrémédiablement liée à l'odeur des matières fécales. Par chance, sur le stand de Firmenich, j'ai rencontré un cadre sud-africain en jean slim et chemise de dandy maigre, qui s'apprêtait à commercialiser l'un des premiers produits intégrant la nouvelle technologie de Firmenich. Et il m'a donné sa carte de visite à gaufrage doré.

Un sachet pour tout régler ?

Trois semaines après, quand Rashaad Kalla, l'homme de la carte de visite, vient me chercher à l'aube dans un hôtel de la banlieue de Pretoria, en Afrique du Sud, il a déjà fait sa première prière. Il est l'heureux produit d'une famille musulmane, dont l'aïeul, né à Porbandar (comme Gandhi), a quitté l'Inde il y a plus de cent ans. Dans les années 1950, son grand-père a fondé la compagnie Amka. Au départ petite échoppe familiale qui manufacturait des soins de beauté, la société exporte aujourd'hui dans 44 pays africains et emploie plus de 1 200 personnes. Le père de Rashaad, Nizam, est un PDG paternaliste qui signe par ailleurs des bouquins de développement personnel teintés de philosophie soufie. Toutes ces informations se trouvent en deux clics sur Internet. Le reste,

SOURCES : OMS, UNICEF

158—XXI **Sauver ce monde de merde**

« En Afrique du Sud, il y a tout à faire. Dans un village voisin, l'autre jour, on a encore enterré un enfant qui s'était noyé dans les latrines mal entretenues de son école. »

RASHAAD KALLA, EN CHARGE DE LA BRANCHE « PRODUITS MÉNAGERS » D'AMKA

qui occupe l'essentiel des trois heures de route à destination de l'université de Limpopo, Rashaad me demande de ne pas le publier : « *Le moins d'informations personnelles, s'il vous plaît. Plusieurs kidnappings ont visé dans notre région le milieu des affaires, en particulier ceux qui exposaient leur fortune. On préfère rester discrets.* »

Rashaad Kalla est en charge de la branche « produits ménagers » d'Amka. « *En 2017, la responsable du bureau sud-africain de Firmenich m'a expliqué qu'elle cherchait un partenaire local pour mettre sur le marché des produits tests, sous forme de poudre en sachet. Amka, comme Firmenich, est une entreprise familiale très active dans la recherche et le développement. On s'est tout de suite compris.* » La multinationale genevoise fournit déjà des fragrances à la compagnie sud-africaine, notamment pour ses crèmes de beauté et ses produits d'entretien. Ils développent ensemble une présentation pour la Fondation Bill et Melinda Gates qui exige que les produits arrivent rapidement sur le marché. Pour que cette nouvelle gamme puisse être accessible aux familles pauvres, Firmenich s'engage à réduire substantiellement sa marge : « *Nous vendrons le sachet pour les latrines à 13 rands, on pourrait même descendre à 10, c'est moins de 1 dollar.* »

Si Bill Gates finance ses recherches en Afrique du Sud, c'est que le pays, confronté à une véritable crise des latrines, est un laboratoire idéal. Jusqu'en 1994, l'apartheid a exclu des infrastructures publiques l'écrasante majorité de la population. L'avènement de la démocratie a obligé le gouvernement à développer dans l'urgence des technologies d'assainissement. Le contexte de sécheresse endémique y interdit la surconsommation d'eau et donc l'usage de la chasse. Durban, où un tiers des 3,6 millions d'habitants est encore privé de toilettes, est ainsi devenue une sorte de Silicon Valley des WC où Bill Gates a commencé à expérimenter ceux du futur, principalement dans les bidonvilles.

Quand il a besoin de tester les sachets de poudre financés par Gates, Rashaad Kalla appelle Trevor Mulaudzi, professeur au département de l'eau et de l'assainissement à l'université de Limpopo, défenseur ardent des sanitaires. Son bureau encombré est décoré d'innombrables trophées, dont une photo encadrée avec Mister Toilet, Jack Sim. « *En Afrique du Sud, il y a tout à faire. Dans un village voisin, l'autre jour, on a encore enterré un enfant qui s'était noyé dans les latrines de son école* », une fosse sans barrière de sécurité. Trevor Mulaudzi est de ceux qui délivrent leurs secrets au premier venu. « *Je suis très patriote. En 1996, j'étais ingénieur des mines. J'ai croisé des enfants qui rentraient dans le bar miteux d'un township parce que les toilettes de leur école étaient dégueulasses. J'ai créé une compagnie de nettoyage pour les écoles et les entreprises.*

J'ai eu jusqu'à 500 employés, mon chiffre d'affaires était de 2,4 millions de rands par mois, un peu moins de 150 000 euros. Et puis les syndicats s'en sont pris à moi. Ils ont engagé un type pour me tuer. Il s'est trompé, il a tué un de mes homonymes. Ça m'a terrorisé. Je me suis mis en faillite et ensuite je suis tombé malade. Après une pneumonie mal soignée, je suis resté quatre jours dans le coma. Je suis alors devenu professeur d'ingénierie. »

Le laboratoire des bidonvilles

À l'extrême nord-est de l'Afrique du Sud, le Limpopo est une province rurale, sèche et pauvre, une espèce de demi-désert où d'énormes rochers rouges semblent plantés dans le vide. Pour le compte de Rashaad Kalla, Trevor Mulaudzi envoie des étudiants jeter de la poudre Amka au fond des cuvettes dans les villages, puis évaluer leur efficacité avec des olfactomètres et des règles laser. La gamme Organico ne se contente pas de réduire l'odeur d'excréments et d'urine mêlés, elle contient des enzymes et des micro-organismes qui attaquent la matière fécale. Dans 45 foyers situés entre trois villages, le professeur Mulaudzi a constaté une réduction de 24 % du volume de selles dans la fosse après trois mois d'utilisation.

Le 4×4 de Rashaad s'arrête sur un petit pont en contrebas de l'université. Trevor Mulaudzi s'essouffle de colère, tout en citant Simon and Garfunkel. « *"This is a bridge over troubled water."* C'est un pont au-dessus d'une eau trouble. Vous voyez cette rivière, ce sont les égouts qui s'écoulent de l'université à travers le village. C'est littéralement de la merde. » À deux pas de là, il y a une école. Les installations sanitaires, relativement récentes, ont été construites par la compagnie Enviro Loo, soutenue par le gouvernement. Plusieurs cabines ne disposent pas de portes, la plupart des cuvettes n'ont pas de couvercles. Sur le mur de briques, un écolier a écrit : « *Ces toilettes me rendent malade.* » À l'extérieur, les réservoirs en plastique remplis d'excréments, censés être scellés, s'ouvrent sans problème ; un enfant pourrait

> ## « Il ne s'est rien passé de neuf en matière de toilettes depuis l'invention du papier double. »
>
> BILL GATES

y tomber. Rashaad Kalla verse sa poudre blanche dans le fond des latrines. L'odeur se dissipe. Le danger demeure. Rashaad semble préoccupé.

D'un village à l'autre, Rashaad Kalla et Trevor Mulaudzi, l'entrepreneur et le professeur, mettent le nez dans des fosses quasiment pleines. Les mouches volent. Ils interrompent une dame dans la culture de son potager pour qu'elle aille sentir la minuscule cabane de bois qui lui sert de lieu d'aisance. Elle en sort l'air dégouté et humilié. Rashaad Kalla s'avance vers la cuvette et verse un sachet entier d'Organico – grand comme un sachet de raisins secs. La dame est invitée à retourner dans la cabane. Elle en ressort soulagée. Si elle utilise pendant plusieurs mois les sachets que Rashaad lui tend, la capacité de sa fosse s'en trouvera accrue, elle n'aura pas besoin de payer quelqu'un pour la vider. La puanteur sera moindre. Pourtant, face à ces toilettes sèches sur le point de s'effondrer, le cache-misère développé par une multinationale suisse de fragrances est presque anecdotique. Rashaad confie ne pas beaucoup croire en la révolution des toilettes. Il pense qu'il faut surtout permettre aux populations sans ressources d'entretenir avec des produits écologiques les installations minimales dont ils disposent déjà.

Son ami Trevor Mulaudzi, lui, se demande s'il n'est pas dangereux de supprimer l'odeur d'excrément : « *Dans les écoles, il arrive que les enfants s'évanouissent sur les toilettes à cause du sulfure d'hydrogène que les excréments en décomposition dégagent. Ils tombent alors dans une cuvette trop large, puis se noient dans la fosse. Le sulfure enivre.* » Le professeur n'a pas tort. Une forte teneur en sulfure constitue un danger pour la santé. L'odeur est un avertissement pour ne pas rester dans une pièce saturée de ces gaz. La supprimer, truquer les sens comme le fait Firmenich, c'est supprimer l'avertissement.

Le soleil se couche sur le Limpopo. Trevor doit partir, il anime tous les jeudis à 19 h 30 une émission sur Capricorn FM où le professeur chante le mérite des latrines bien entretenues. Rashaad aussi est prêt à reprendre la route. Sa boîte de sachets Organico est vide. Malgré ses doutes, l'entrepreneur s'apprête à commercialiser la poudre blanche. Pendant ce temps, les bidonvilles de Durban expérimentent toujours les toilettes du futur. Si elles dépassent un jour le stade de prototype et inondent les pays développés, ce sera grâce aux selles des Sud-Africains les plus pauvres.

Arnaud Robert

Journaliste et réalisateur suisse, il a été publié par *National Geographic*, *Le Monde* ou *Le Temps*. Il a écrit plusieurs ouvrages sur Haïti, le jazz et l'art. Avec le photographe Paolo Woods, il réalise en ce moment *Happy Pills*, un documentaire sur les médicaments et la quête du bonheur.

Alice Meteignier

Sa pratique du dessin oscille entre les commandes d'illustrations pour la presse (*New York Times, Le 1, Télérama...*), l'édition jeunesse (Éd. MeMo), la pub (Mailchimp) et un travail plus personnel de recherche graphique.

« Un tabou universel

Enquêter sur la révolution mondiale des toilettes, dont l'homme le plus riche du monde est le principal artisan, était une proposition de Serge Michel, directeur éditorial de Heidi.news, média suisse payant en ligne pour lequel j'ai réalisé une série en 22 épisodes. J'ai immédiatement vécu ce moment « ah ah » qui détermine la qualité magnétique d'un sujet. Travailler sur le caca, le pipi, tout ce qui ramène au plus élémentaire de notre condition anthropologique : les éléments étaient réunis pour faire une bonne histoire.

La révolution des toilettes n'est pas une blague. Au fur et à mesure de ce reportage qui m'a conduit sur trois continents, j'ai fini par trouver banal de parler de caca à tous les repas. J'en ai oublié à quel point le sujet est un tabou universel, que les rires protègent en général du dégoût. J'avais cru ne parler que de pipi-caca dans cette odyssée des chiottes, finalement j'ai appris plus que nulle part ailleurs sur notre humanité.

Bill Gates, philanthrope capitaliste

« Toutes les vies ont la même valeur. » Quand il fait de ces mots la devise de sa nouvelle fondation, en 2000, Bill Gates, 45 ans à l'époque, est l'homme le plus riche de la planète. Il a cofondé Microsoft, entreprise pionnière de la révolution informatique, et pèse plusieurs milliards de dollars (105, en 2019, selon le magazine *Forbes*). Pour son entrée dans le monde de la philanthropie, il ne lésine pas sur les moyens : la Fondation Bill et Melinda Gates dispose d'un budget d'environ 5 milliards d'euros par an. Ses champs d'action : pauvreté, faim dans le monde, santé ou éducation. Persuadé que la technologie et l'innovation peuvent sauver le monde, Gates affiche un objectif : *« améliorer la qualité de vie des gens du monde entier »*.

Sa fondation mène depuis des actions de grande ampleur contre le Sida, la tuberculose ou le paludisme. Elle a vacciné 55 millions d'enfants. Et Bill Gates est devenu le philanthrope le plus célèbre de la planète, l'apôtre de *« l'altruisme efficace »*. Les époux Gates ont annoncé qu'à leur mort, 95 % de leur fortune reviendra à leur fondation. En 2010, ils ont lancé une campagne pour inviter d'autres milliardaires à léguer plus de la moitié de leur pécule.

Avec des dépenses supérieures à celles de l'Organisation mondiale de la santé, leur fondation caritative est devenue la plus importante du monde mais n'échappe pas aux critiques. Reprend-elle d'une main ce qu'elle a donné de l'autre ? Selon Lionel Astruc, auteur d'un essai sur cet empire caritatif, la Fondation profite de ressources dont sont privés les États via l'évasion et l'évitement fiscaux. Elle parie sur l'agriculture intensive et les biotechnologies, comme les OGM, au détriment de la paysannerie locale ou des semences libres.

Aux yeux de Bill Gates, la philanthropie classique doit intégrer les règles du capitalisme et inclure les grandes entreprises, comme Monsanto ou Coca-Cola. En matière de santé, la revue scientifique *The Lancet* notait en 2009 que la Fondation luttait prioritairement contre les maladies nécessitant des vaccins, favorisant ses partenaires de l'industrie pharmaceutique. L'organisation britannique Global Justice estime qu'*« impliquer les entreprises dans la lutte contre les inégalités n'est pas une stratégie humanitaire neutre, mais un engagement idéologique qui promeut les politiques économiques néolibérales »*. Celles qui ont rendu Bill Gates si riche.

Bill et Melinda Gates dans un township sud-africain en octobre 2019.

| EN COULISSES | POUR ALLER PLUS LOIN |

Sauver ce monde de merde

Aux chiottes, l'égalité

Dans le monde, une femme sur trois n'a pas accès à des toilettes salubres et sécurisées. Du Cambodge au Nigeria, ce manque les expose aux maladies mais aussi aux violences, notamment sexuelles. En Inde, rapporte l'Unicef, près de la moitié des viols sont commis quand les femmes défèquent à l'extérieur. Pour réduire ce risque, certaines se regroupent, d'autres se privent de boire ou de manger afin de se soulager moins souvent, ou attendent les moments qu'elles considèrent les plus sûrs, s'imposant une rétention dangereuse pour la santé. L'Organisation mondiale des toilettes, le lobby des latrines, estime que les femmes passent 97 milliards d'heures chaque année à trouver un endroit où faire leurs besoins.

> *Le manque de toilettes expose davantage les femmes que les hommes aux maladies et aux violences, notamment sexuelles.*

L'attente touche aussi les pays où l'accès aux sanitaires semble a priori acquis pour tous. Aires d'autoroutes, musées, bars : difficile de nier que l'attente aux toilettes des dames est plus longue que chez ces messieurs. En 2017, l'institut international Yougov relevait qu'elles avaient cinq fois plus de risque de patienter pour uriner que les hommes (59 % des sondées disaient faire la queue régulièrement, contre seulement 11 % des sondés). Rien d'étonnant, vu qu'elles passent deux fois plus de temps au petit coin : environ quatre-vingt-dix secondes en moyenne, contre une quarantaine pour eux. Entrer, fermer la porte, nettoyer la cuvette, se déshabiller, s'essuyer, se rhabiller, changer une protection menstruelle… Autant d'actions plus chronophages que de descendre une braguette et la remonter devant une pissotière. De plus, *« les toilettes des deux sexes ont tendance à occuper la même superficie »*, pointe l'institut Yougov. Or sur un même nombre de mètres carrés, on fait tenir moins de toilettes fermées que d'urinoirs.

Depuis 2010, l'accès à l'assainissement est reconnu comme un droit par les Nations unies. Depuis 2015, c'est même devenu un des objectifs mondiaux à atteindre d'ici à 2030, objectif qui mentionne l'attention particulière qui doit être accordée aux femmes.

L'Art de la fausse générosité, La Fondation Bill et Melinda Gates
de Lionel Astruc
Actes Sud, 2019
Bill Gates est devenu une icône de la générosité. Mais les activités philanthropiques de l'ancien géant de l'informatique le sont-elles tant que ça ? OGM, armement ou énergies fossiles : ce livre suit les flux financiers qui alimentent la Fondation.

Dans le cerveau de Bill Gates
de Davis Guggenheim
Netflix, 2019
Cette minisérie documentaire offre un voyage en complaisance. Les entretiens avec l'homme le plus riche du monde portent aux nues sa fondation, ses combats… des bureaux de Microsoft aux latrines des bidonvilles.

Les Toilettes du pape
de César Charlone et Enrique Fernández
2008
Nous sommes en 1900, à Melo, petite ville pauvre d'Uruguay où est annoncée une visite (et une messe !) de Jean-Paul II. Quoi de mieux pour gagner quelques pesos que d'installer des toilettes payantes pour les pèlerins drainés par la venue du souverain pontife ?

/ À LIRE, À VOIR

Terminus Liban

C'EST UN PAYS PEU À PEU COUPÉ DE SES VOISINS PAR LA POLITIQUE ET LA GUERRE. LE LIBAN, AUTREFOIS QUADRILLÉ DE VOIES DE CHEMIN DE FER, DEVIENT UNE ENCLAVE. UNE ÎLE. UN CONFETTI AU BORD DE LA CRISE DE NERFS.

Par Zeina Abirached
Née à Beyrouth en 1981, elle vit à Paris depuis 2004. Son roman graphique *Mourir, partir, revenir, Le Jeu des hirondelles* a été traduit en douze langues. Elle a aussi publié *Le Piano oriental* et *Prendre refuge*, coécrit avec le romancier Mathias Énard. C'est sa première BD dans *XXI*. Elle n'aurait pas existé sans l'aide de Camille Tarazi, son complice dans l'exploration ferroviaire.

"PASSER UNE FRONTIÈRE EST TOUJOURS QUELQUE CHOSE D'UN PEU ÉMOUVANT. UNE LIMITE IMAGINAIRE, MATÉRIALISÉE PAR UNE BARRIÈRE DE BOIS QUI D'AILLEURS N'EST JAMAIS VRAIMENT SUR LA LIGNE QU'ELLE EST CENSÉE REPRÉSENTER, MAIS QUELQUES DIZAINES OU QUELQUES CENTAINES DE MÈTRES EN DEÇÀ OU AU-DELÀ, SUFFIT POUR TOUT CHANGER, ET JUSQU'AU PAYSAGE MÊME.

C'EST LE MÊME AIR, C'EST LA MÊME TERRE, MAIS LA ROUTE N'EST PLUS TOUT À FAIT LA MÊME."

GEORGES PEREC
ESPÈCES D'ESPACES (1974)

ENTRE 1985 ET 1989, TOUS LES MATINS, J'AI PRIS UN AUTOCAR QUI ME MENAIT DE LA MAISON À MON COLLÈGE, SITUÉ DANS LA BANLIEUE DE BEYROUTH.

JE ME SOUVIENS QUE JE PASSAIS LE TRAJET LE NEZ COLLÉ CONTRE LA VITRE DE PLEXIGLAS.
CES VITRES, QUI SENTAIENT UN PEU LA POUSSIÈRE ET QUE L'ON BAISSAIT À L'AIDE D'UNE LANGUETTE DE CHANVRE, RESTAIENT SOUVENT BLOQUÉES À MI-PARCOURS, ET LE PAYSAGE DEMEURAIT COUPÉ EN DEUX, CLAIR DANS LA PARTIE SUPÉRIEURE DE LA FENÊTRE ET FLOU DANS LA PARTIE INFÉRIEURE, BROUILLÉE PAR LE PLEXIGLAS UN PEU OPAQUE.

TOUS LES MATINS, DANS CE CADRE COUPÉ EN DEUX, JE REFAISAIS CONNAISSANCE AVEC MA MOITIÉ DE VILLE NATALE.

NOUS ÉTIONS DU CÔTÉ EST DE LA LIGNE DE DÉMARCATION. JE ME SOUVIENS DU TRAJET DE NOTRE AUTOCAR, LE 48, DE LA PÂTISSERIE "WARD", DU STADE DES "ENFANTS DE NEPTUNE" ET DU CIMETIÈRE ORTHODOXE DE MAR-MITR. JE ME SOUVIENS QU'IL FAISAIT UN DÉTOUR PAR L'HÔTEL-DIEU, POUR NE PAS LONGER LE "PASSAGE DU MUSÉE".

JE ME SOUVIENS DE LA RUE COMMERÇANTE DE FURN-EL-CHEBBAK ET DE SES ENSEIGNES BIGARRÉES QUE JE DÉCHIFFRAIS AVEC UNE AVIDE DÉLECTATION, ET QUI ME DONNAIENT L'IMPRESSION DE COMPRENDRE ENFIN QUELQUE CHOSE À CE QUI M'ENTOURAIT.
JE ME SOUVIENS DE "LA SCALA", DE "LA BOULE D'OR" ET, PLUS LOIN, DE L'ENSEIGNE "CHEVROLET" AU LIEU-DIT "CHEVROLET".

JE ME SOUVIENS AUSSI QU'À LA SORTIE DE LA RUE COMMERÇANTE L'AUTOCAR DÉBOUCHAIT SUR CE QUI ÉTAIT À CETTE ÉPOQUE UNE ZONE "VIDE" OÙ S'ÉTENDAIENT À PERTE DE VUE DES SERRES ARRONDIES RECOUVERTES DE PLASTIQUE VERT.

AU BOURDONNEMENT JOYEUX DES ENSEIGNES SUCCÉDAIT UN SILENCE. ET UNE INQUIÉTUDE. NÉE DANS LES ANNÉES 1980, J'AVAIS ACQUIS LE RÉFLEXE, LORSQUE JE TRAVERSAIS UNE VOIE LARGE, SANS IMMEUBLES PROTECTEURS, DE RENTRER LA TÊTE DANS MES ÉPAULES ET DE ME TASSER SUR MON SIÈGE, POUR NE PAS ÊTRE REPÉRÉE PAR LE FRANC-TIREUR.

JE ME SOUVIENS QU'UN MATIN, RETENANT MON SOUFFLE, JE ME SUIS REDRESSÉE.

ET C'EST LÀ, AU MILIEU DES SERRES, COMME POSÉE IL Y A PLUSIEURS SIÈCLES PAR UNE MAIN DE GÉANT, QU'UNE PETITE MAISON EN PIERRE JAUNE, AU TOIT DE TUILES ROUGES, AVEC UNE FENÊTRE ÉTROITE ET UNE PORTE DONNANT SUR UN PETIT JARDIN, M'EST APPARUE...

UNE PETITE MAISON, COMME PERDUE DANS CETTE ÉTENDUE GLABRE, QUI SEMBLAIT M'ATTENDRE.

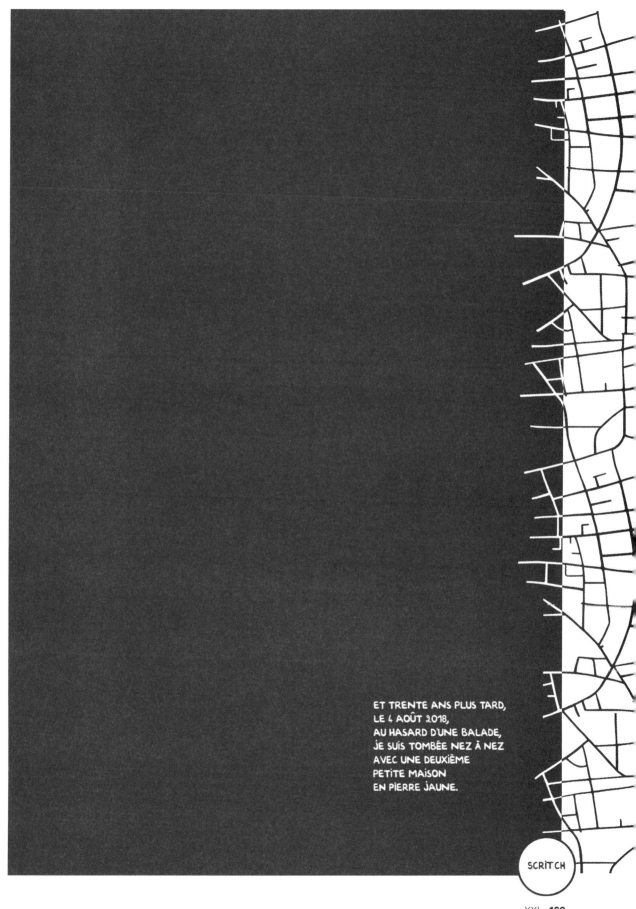

NOUS AVONS HÉRITÉ D'UN PAYS EN RUINES.

AIN-SOFAR

LES RÉCITS DE SON PASSÉ INSOUCIANT
RENDAIENT NOTRE PRÉSENT
UN PEU PLUS SUPPORTABLE.

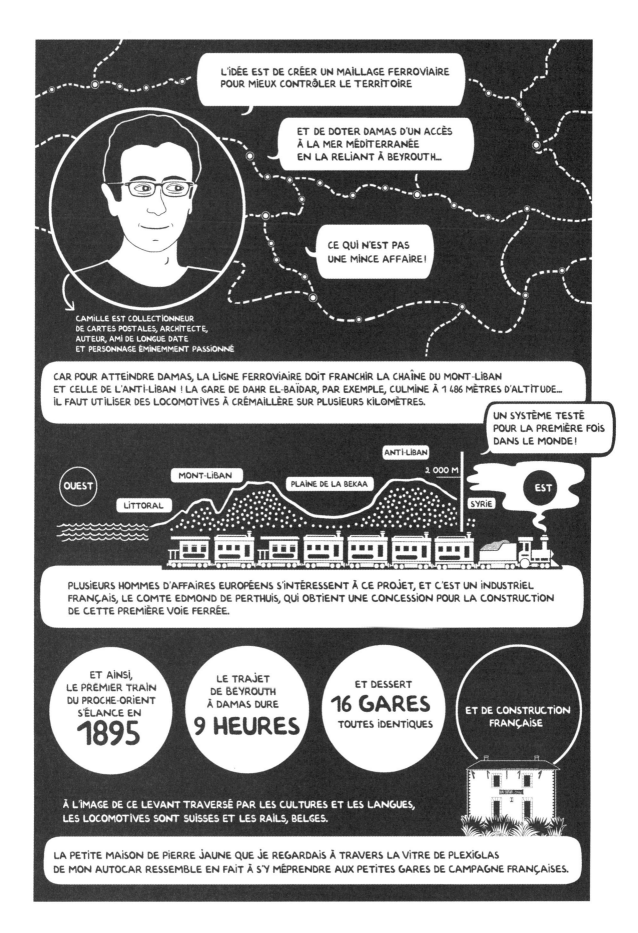

APRÈS LA PREMIÈRE GUERRE MONDIALE ET LA CHUTE DE L'EMPIRE OTTOMAN, LES ACCORD SYKES-PICOT PARTAGENT LE MOYEN-ORIENT.

clic clac clic clac clic clac clic clac

MARK SYKES

FRANÇOIS-GEORGES PICOT

LE LIBAN SE RETROUVE SOUS MANDAT FRANÇAIS.

C'EST À CETTE ÉPOQUE QUE LES TRAVAUX DE LA LIGNE CÔTIÈRE DÉMARRENT.

TCHACA TCHAC TCHACA TCHAC TCHACA TCHAC

LA PARTIE NORD RELIANT BEYROUTH À TRIPOLI, PUIS À HOMS EN SYRIE, EST CONSTRUITE PAR LES TROUPES AUSTRALIENNES DU COMMONWEALTH.

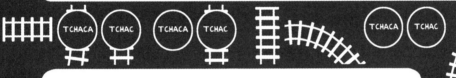

LA PARTIE SUD, ENTRE BEYROUTH ET NAQOURAH, PUIS HAÏFA EN PALESTINE, EST INSTALLÉE PAR LES TROUPES NÉO-ZÉLANDAISES.

TCHACA TCHAC TCHACA TCHAC

TCHACA TCHAC TCHACA TCHAC

ELLE EST DESTINÉE, AU DÉPART, À TRANSPORTER DU MATÉRIEL ET CONVOYER DES TROUPES EN ÉGYPTE. ELLE PERMETTAIT AINSI DE REJOINDRE LONDRES PAR LE CAIRE VIA L'ORIENT-EXPRESS...

TCHACA TCHAC TCHACA TCHAC

EN 1942, LE CHEMIN DE FER LIBANAIS EST À SON EXPANSION MAXIMALE !

ON COMPTE 417 KM DE RAILS ET 45 GARES

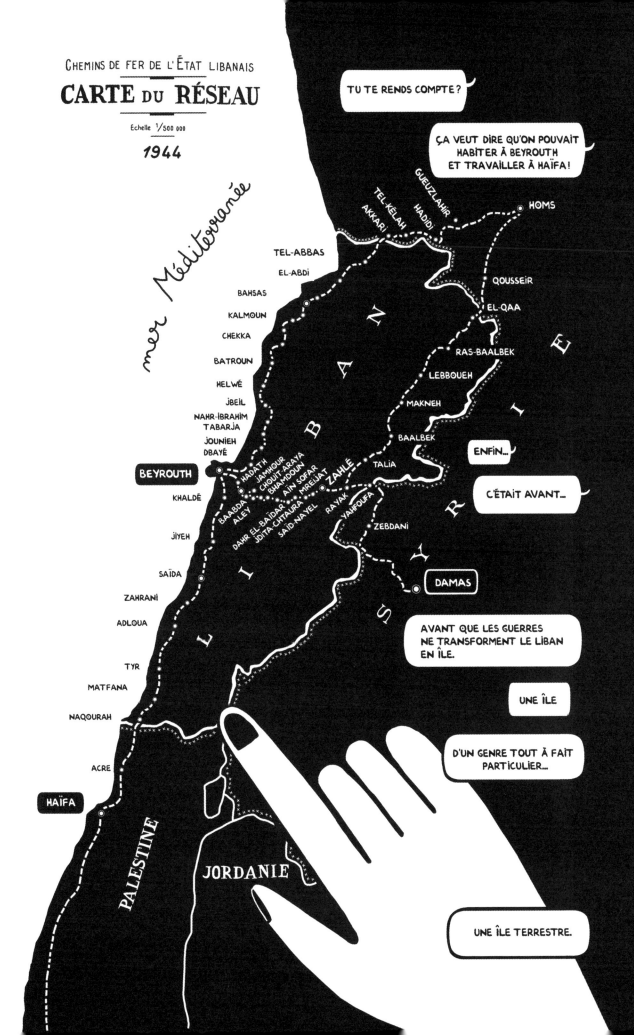

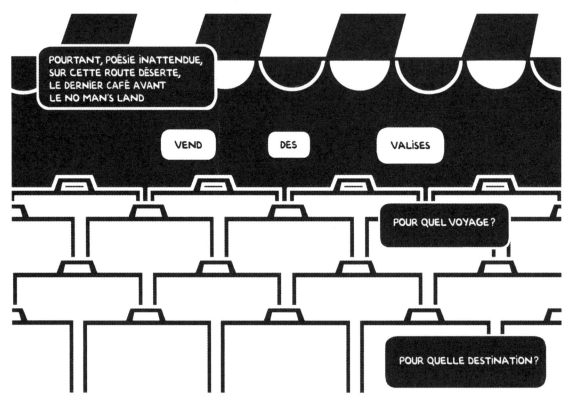

À BEYROUTH, EN AOÛT 2019, LE PONT FERROVIAIRE DE MAR-MIKHAEL S'EST EFFONDRÉ, PERCUTÉ PAR UN CAMION.

CE PONT N'AVAIT PAS VU DE TRAIN DEPUIS LONGTEMPS. NOUS NON PLUS, D'AILLEURS. MAIS DE TEMPS EN TEMPS, COINCÉS DANS LES EMBOUTEILLAGES DE MAR-MIKHAEL, ON PENSAIT À LEVER LA TÊTE. ET ALORS, ON POUVAIT PRESQUE ENTENDRE LE "TCHAC TCHACA TCHAC TCHAC" DES WAGONS SUR SES RAILS, BANDE-SON LOINTAINE D'UN PAN GRATIFIANT DE NOTRE HISTOIRE.
AUJOURD'HUI, À CET ENDROIT PRÉCIS OÙ PASSAIT LE TRAIN, IL NE RESTE PLUS QUE LE VIDE. ET DE CE TRAIT D'UNION MÉTALLIQUE ENTRE NOTRE PASSÉ FANTASMÉ ET NOTRE PRÉSENT INSUFFISANT, IL NE RESTE QUE L'ABSENCE.

PUISSIONS-NOUS AVOIR ENCORE L'ENVIE DE LEVER LA TÊTE ET D'IMAGINER DES PONTS.

Un pays fragile

16 mai 1916 En pleine guerre mondiale, Britanniques et Français négocient l'accord secret de Sykes-Picot qui prévoit le partage de l'Empire ottoman.

1er septembre 1920 Un gouverneur français proclame la naissance de l'État du Grand-Liban.

22 novembre 1943 Le Liban proclame son indépendance. Un pacte national, non écrit, institue un système politique confessionnel pour maintenir l'équilibre entre 18 communautés.

Mai 1948 Avec la guerre israélo-palestinienne qui fait suite à la naissance d'Israël, 140 000 Palestiniens se réfugient au Liban.

13 avril 1975 27 passagers d'un bus, presque tous palestiniens, sont tués par des miliciens maronites. L'événement marque le début de la guerre du Liban.

1982 L'armée israélienne s'enfonce jusqu'à Beyrouth. Yasser Arafat et plus de 10 000 combattants palestiniens sont évacués. Les milices chrétiennes libanaises, alliées d'Israël, massacrent un millier de civils palestiniens à Sabra et Chatila.

13 octobre 1990 Fin de la guerre. Le bilan est lourd : au moins 150 000 morts, 17 000 disparus et des centaines de milliers de déplacés.

2005 L'ex-Premier ministre, Rafiq Hariri, est tué dans un attentat. Son camp accuse Damas. Des millions de personnes manifestent, c'est la « révolution du cèdre ». Les troupes syriennes se retirent après vingt-neuf ans de présence.

2006 La capture de deux soldats israéliens déclenche un conflit entre les forces israéliennes et le Hezbollah. En trente-quatre jours, 1200 Libanais sont tués.

Depuis 2011 Plus d'un million de Syriens fuyant la guerre s'entassent dans les camps non officiels.

POUR ALLER PLUS LOIN

Dans les rues de Beyrouth, le 21 octobre 2019.

Et soudain le Liban se soulève

« Révolution ! Révolution ! » De Beyrouth à Tyr, l'automne 2019 a été marqué par une contestation populaire inédite dans tout le pays. Rassemblements festifs géants, barricades, routes bloquées, banques, écoles et universités fermées : de jour comme de nuit, une foule hétéroclite occupe la rue contre la corruption et l'inaction d'une classe politique presque inchangée depuis la fin de la guerre civile, en 1990. Pendant des semaines, les manifestations rassemblent jusqu'à 1,5 million de personnes, sur 4,5 millions d'habitants.

Les bannières partisanes ont disparu : du nord au sud, un seul symbole, le cèdre du drapeau libanais, et un cri d'unité : *« Le peuple veut la chute du régime ! »* La révolte touche toutes les régions libanaises, même celles contrôlées par le Hezbollah, et transcende le confessionnalisme, dans ce pays aux 18 communautés religieuses. Symbole de cette unité, le 27 octobre, des dizaines de milliers de femmes, d'hommes et d'enfants se donnent la main dans une chaîne humaine rouge et blanche, le long des 170 kilomètres de côte du pays.

Vaincu par la rue, le Premier ministre Saad Hariri, en poste depuis 2009, démissionne le 30 octobre. Le président, Michel Aoun, aux fonctions essentiellement symboliques, doit en nommer un autre. S'ouvre une période d'incertitude pour le plus petit État du Proche-Orient, coincé entre Israël et la Syrie.

SAM TARLING/GETTY

Contre les clans et la pauvreté

Chômage, coupures d'eau et d'électricité, infrastructures ferroviaires, routières ou médicales défaillantes : les Libanais sont au bord de la crise de nerfs. Quand le gouvernement annonce une taxe sur les appels passés via la très populaire application WhatsApp le 17 octobre 2019, le pays implose et exprime son mécontentement dans la rue.

Les manifestants dénoncent la crise économique, la plus grave depuis la fin de la guerre civile. Plus d'un Libanais sur quatre vit sous le seuil de pauvreté. Et avec une dette publique de plus de 150 % du PIB, le Liban se place sur le triste podium des pays les plus endettés au monde, derrière le Japon et la Grèce.

Les manifestants veulent aussi en finir avec un système politique confessionnel qui organise l'exercice du pouvoir entre chrétiens, musulmans chiites et sunnites depuis 1934. Lassée de voir se succéder des membres des mêmes clans aux postes clés du pouvoir, la rue exige des élections anticipées avec des candidats étrangers à la classe politique en poste. Et réclament la création d'une commission d'enquête pour poursuivre les politiciens soupçonnés de détournement d'argent public.

Se remettre sur les rails

Le chemin de fer libanais – enfin, ce qu'il reste de ses quelque 400 kilomètres – fêtera cette année son 125e anniversaire. Inauguré le 3 août 1895, il se résume désormais à des locomotives rouillées, laissées aux herbes folles : aucun train n'a circulé depuis 1995. Une *« catastrophe nationale »*, selon l'association Train-Train qui tente depuis 2005 de faire renaître un service ferroviaire. Pour Carlos Raffah, son président, *« cela redonnerait au Liban sa place de porte de l'Orient et de le reconnecter non seulement au monde mais surtout à lui-même »*.

Il faut près de cinq heures pour parcourir les 250 kilomètres qui séparent Tripoli (deuxième ville du pays) à la frontière sud. Le rail développerait le tourisme et l'économie, souligne Carlos Raffah, et, dans un pays très centralisé, *« permettrait à ceux qui ne vivent pas à Beyrouth d'avoir accès aux services publics de base, aux bonnes universités et aux hôpitaux »*. Chaque jour, un million de voitures polluent la capitale et la transforment en parking géant. Sans parler d'argent : *« Le Liban importe 3 milliards de dollars de pétrole par an. »* Pourtant, la solution est simple : *« Les tracés et une partie des rails existent encore. »* Alors, en août 2019, ingénieurs, urbanistes et économistes bénévoles de l'association ont mis à la disposition du gouvernement un plan pour remettre le pays sur les rails. À 46 ans, Carlos Raffah, qui n'a jamais pris le train dans son pays, attend toujours une réponse, mais il est plein d'espoir : *« Le train transporte tout le monde sans distinction de communauté. C'est un vrai outil démocratique et la seule voie possible. »*

Valse avec Bachir
d'Ari Folman
2008

Un soir, Ari retrouve un copain, conscrit de l'armée israélienne hanté par un cauchemar qui le ramène à l'invasion du Liban de 1982. Ari, lui, n'a plus de souvenir de la guerre. Dans ce film d'animation nommé aux Oscars et lauréat de plusieurs prix, dont un Golden Globe, sa quête de mémoire nous mène jusqu'à Sabra et Chatila.

Le Quatrième Mur
de Sorj Chalandon
Éd. Grasset, 2013

Samuel et Georges ont un projet fou : monter Antigone à Beyrouth pour voler deux heures à la guerre. Pour ce roman, qui raconte avec sensibilité et violence le conflit qui déchire les communautés, l'écrivain a obtenu le prix Goncourt des lycéens.

La Guerre des autres, Rumeurs sur Beyrouth
de Bernard Boulad, Paul Bona et Gaël Henry
Éd. La Boîte à bulles, 2018

Épris de liberté, les Naggar coulent des jours heureux à Beyrouth, à l'écart des conflits politiques et religieux. Mais la vie de cette famille égyptienne expatriée au Liban depuis une décennie va être bouleversée par la guerre civile.

/ À LIRE, À VOIR

Un hors-série BD

La force du dessin, la puissance du réel

Une anthologie de *XXI* réunissant les plus grands auteurs de bande dessinée. Des récits graphiques sensibles, émouvants, drôles, étonnants, vivants.

Huit histoires fortes, préfacées par Emmanuel Guibert

Avec nous le déluge

Au sommaire de ce numéro, des réfugiés climatiques au cœur de la puissance américaine, des usines à légumes, une île écossaise rachetée par ses habitants, un train en Corée du Nord, un baby-boom chez les Farc en Colombie…
De la vie, de la chaleur, l'humanité en action.

6Mois, l'image qui fait sens, n° 18 en librairie

Joe Sacco

Payer la terre
« Redonner à la nature ce que la nature nous a donné. »

Retrouvez dans cet album coédité par *XXI* et Futuropolis la suite de l'enquête du reporter-dessinateur sur les terres glacées du nord du Canada, publiée en deux volets dans les numéros 35 et 36 de notre revue. Joe Sacco dresse un portrait écologique, économique et terriblement humaniste des Premières Nations canadiennes.

En librairie depuis le 8 janvier

LA VIE DE XXI   PROCHAIN NUMÉRO, EN LIBRAIRIE LE 10 AVRIL

Merci !

Un message pour Marie Dubois, auteure dans le n° 45 de la bande dessinée « Un bébé si je peux »

Bonjour Marie,

J'ai lu votre BD avec un grand intérêt, car mon compagnon et moi sommes actuellement dans un parcours PMA (qui semble enfin aboutir, on croise les doigts). Je m'y suis retrouvée, même si notre parcours n'est pas tout à fait le même, je me suis sentie comprise, et j'ai appris des choses.

J'ai aussi eu envie de la partager à mes proches qui sont au courant de notre démarche. Ç'a été pour moi un moyen de dire des choses que j'avais parfois du mal à communiquer à certains.

J'ai aussi communiqué la BD à la psy qui me suit au centre PMA. Elle n'en avait pas entendu parler et a directement dit qu'elle allait l'utiliser pour un colloque.

Je trouve qu'il faudrait donner plus d'ampleur à cette BD, la faire connaître davantage. Par exemple, l'éditer en format papier et proposer aux centres PMA de la distribuer aux couples en processus. Elle ferait du bien à la fois aux couples qui passent par un parcours PMA, et à tout le monde en général car, comme vous le pointez si bien, il y a tellement d'idées fausses qu'un travail de ré-information est nécessaire.

J'avais lu deux livres de témoignages et je trouve que votre BD est bien plus adéquate pour une communication « grand public ». Elle est universelle, pleine d'humour, elle transmet des informations générales, et elle sensibilise au vécu des couples infertiles.

Bref, je vous encourage à diffuser plus largement votre BD !

AMÉLIE (BELGIQUE)

Une revue « pas trop parisienne »

J'ai découvert votre revue à la braderie du Secours populaire. Comme quoi, la culture est partout ! Passionnante, bien écrite, éclectique, sans pub, pas trop parisienne… J'ai maintenant envie de lire d'autres numéros pour me faire une idée complète.

CHRISTINE DURAND

/ **COURRIER DES LECTEURS**

15, rue de la Fontaine-au-Roi
75011 Paris
01 58 30 36 33 — contact@4revues.fr
www.revue21.fr

Directeur de la publication
Franck Bourgeron

Rédaction en chef
Léna Mauger, Marion Quillard

Direction artistique
Quintin Leeds

Direction de la photo
Martina Bacigalupo

Rédaction
Camille Drouet, Haydée Sabéran

Mise en pages
Vincent Lever

Secrétariat de rédaction
Matthieu Recarte

Correction
Sarah Ahnou

Cartographie
Alexandre Nicolas

Infographie
Audrey Lagadec

Photogravure
Les Artisans du regard

Communication digitale
Anne Vacca

Relations libraires et événementiel
Agnès Arnaut

Relations abonnés
Muriel Dupuis

Comité éditorial
Nathacha Appanah, Gaël Faye, Delphine Minoui, Mathieu Palain, Mathieu Potte-Bonneville, Clara Tellier Savary, Sylvain Venayre

Ont contribué à ce numéro
Carole Delporte, Diane Lisarelli, Bruno Lus et Amanda Santos

Merci à
Alice Géraud et Elhadi Yazi

XXI service des abonnements :
15, rue de la Fontaine-au-Roi 75011 Paris
01 58 30 36 33. muriel@revue21.fr
Formulaire téléchargeable sur www.revue21.fr
Édité par Quatre SAS, siège social :
15, rue de la Fontaine-au-Roi 75011 Paris
Président : Franck Bourgeron ;
Directeur général : Sylvain Ricard. Directrice des rédactions de Quatre : Amélie Mougey.
Actionnaires : F&S, Sylvain Ricard, Franck Bourgeron, les éditions du Seuil, Amélie Mougey, Pierre Raiman
Fabrication : CPE Conseil.
Impression et façonnage : STIGE s.p.a.
Via Pescarito, 110, 10099 San Mauro (TO), Italie

 Papier 100 % PEFC, provenance Allemagne, taux de fibres recyclées 0 %, impact sur l'eau Ptot 0.019 kg/tonne

Commission paritaire : 0720 D 89299
ISSN 1960-8853 – ISBN 978-2-35638-160-6
Dépôt légal : janvier 2020

Alaa el-Aswany

" C'est la littérature qui est engagée, pas l'écrivain "

IL EST DENTISTE, ET L'UN DES AUTEURS LES PLUS RECONNUS DU MONDE ARABE DEPUIS LE SUCCÈS DE *L'IMMEUBLE YACOUBIAN*. MENACÉ, IL VIT EN EXIL. LE DRAME ÉGYPTIEN S'ÉCRIT SANS LUI.

Propos recueillis par Léna Mauger — Illustration Olivier Balez

Il dit que notre bouche parle de nous, que nos dents racontent notre mode de vie, notre niveau d'angoisse. Alaa el-Aswany y entend des mots et des destinées. *« La bouche, c'est un écho, un miroir des hommes. »* Lui est dentiste en Égypte. Et l'un des écrivains les plus célèbres du monde arabe. Son best-seller, *L'Immeuble Yacoubian*, traduit dans près de 30 langues, s'est vendu à plus d'un million d'exemplaires dans le monde depuis 2002. C'était son premier roman. Il avait 45 ans.

Cet immeuble existe. De style Art déco, vestige d'une splendeur révolue, il est situé au Caire, au 341 de la rue Talaat-Harb. Alaa el-Aswany y a passé une partie de son enfance avant d'ouvrir son cabinet dentaire dans le local où son père consultait comme avocat. C'est là, au cœur de la capitale, que cet amoureux de Balzac, García Márquez, Dostoïevski, Tchekhov ou Mahfouz s'est inspiré des destins des habitants et de ses patients pour imaginer la fresque nostalgique d'une Égypte rongée par la corruption, les violences policières, la montée de l'islamisme, les inégalités et l'absence de liberté sexuelle.

Malgré le succès, l'écrivain polyglotte – il parle couramment arabe, français, anglais et espagnol – a tenu à continuer d'exercer comme dentiste. Il a publié huit autres livres et n'a cessé de dénoncer les dérives *« des dictateurs, des tartuffes et des islamistes »* successivement au pouvoir. Il a connu les grands travaux de Nasser et le départ des Européens, l'ère Sadate et l'arrogance des nouveaux riches, la déliquescence sociale sous les trente ans de règne du lion Moubarak, le souffle du printemps arabe, l'élection des Frères musulmans puis le coup d'État du maréchal Al-Sissi. En mars 2019, après avoir donné un cours dans une fac américaine, il découvre dans le quotidien anglophone *Egypt Today* qu'il est poursuivi par le parquet général militaire égyptien pour *« insultes envers le président, les forces armées et les institutions judiciaires »*. Il vit depuis à New York, en exil. À 61 ans, il ne peut plus mettre les pieds dans son pays. De passage à Paris, il donne rendez-vous dans un hôtel à son image : chaleureux, convivial et chic. Assis dans une salle remplie de vieux meubles et de fauteuils en velours, généreux, souriant, il dit plusieurs fois *« ici »*, comme si nous étions en Égypte. Chez lui.

XXI Pourquoi êtes-vous poursuivi par les militaires égyptiens ?

Dans mon dernier livre, *J'ai couru vers le Nil*, j'ai eu envie de ressusciter le fol espoir de la révolution de 2011 ainsi que l'abattement provoqué par le retour au pouvoir des militaires. Plusieurs de mes personnages témoignent de crimes commis place Tahrir par l'armée et les forces de sécurité. Or à l'époque, notre président actuel, le maréchal Al-Sissi, était le patron des services de renseignements de l'armée. Le livre a été interdit dans le monde arabe, à l'exception du Liban, du Maroc et de la Tunisie. Je ne peux rien publier en Égypte depuis son élection en 2014. Mais en me poursuivant, les militaires ont franchi un nouveau cap.

Que risquez-vous si vous rentrez au Caire ?

Je n'en sais rien. Plus de 60 000 Égyptiens ont été arrêtés pour des raisons politiques depuis 2013. Dans un procès militaire, la sentence dort dans

« Je suis tombé amoureux de l'Égypte en Égypte. » Le photographe français Denis Dailleux a longtemps vécu au Caire. Il a consacré plusieurs livres à la ville, dont *Égypte, Les Martyrs de la révolution* (Éd. Le Bec en l'air, 2014).

un tiroir. Un colonel l'ouvre quand il veut, tout est décidé d'avance. La justice est une farce, un théâtre. Je refuse d'y jouer un rôle. Je suis comme tous les Égyptiens, dans la main du régime. Descendre sans permission dans la rue, c'est risquer un an de prison par minute de manifestation. En revanche, si vous manifestez pour Al-Sissi, les officiers de police viendront vous servir du Coca-Cola.

Vous percevez-vous comme un écrivain engagé ?

Parler d'« écrivain engagé » signifie que tous ne le sont pas. Pourtant les mots expriment toujours des souffrances, des tabous, des relations de pouvoir. La littérature est la voix de ceux qui n'en ont pas, elle porte des valeurs humaines. C'est la littérature qui est engagée, pas l'écrivain. Si le pouvoir me bâillonne depuis cinq ans, c'est qu'il estime que les souffrances que je décris sont dérangeantes ou menaçantes ; et donc que ma littérature compte. C'est un honneur !

HIVER 2020 —XXI—195

Ce que la dictature considère comme un crime, je le considère comme un devoir. Ils ont les médias, l'armée, tout. Moi, je n'ai plus que ma plume. Mais rien que sur Twitter, j'ai plus de 3,3 millions d'abonnés, quand tous les journaux égyptiens réunis vendent 1 million d'exemplaires.

Ce devoir, vous le tenez de votre père ?

J'étais enfant unique et très attaché à mon père, un grand monsieur, avocat, écrivain, socialiste, démocrate… Il a fait plusieurs séjours en prison au début des années 1950. Il me disait : *« L'Égypte que tu connais, ce n'est pas l'Égypte ! »* Quand il rendait visite à des camarades socialistes ou communistes dans des quartiers pauvres, il voulait que je l'accompagne et m'envoyait jouer avec les autres enfants dans la rue. Chez les bourgeois comme nous, ça ne se faisait pas. Cette ouverture aux autres m'a été précieuse.

Vous étiez privilégié ?

Oui, j'ai eu une enfance préservée. Les écrivains, les artistes, les acteurs les plus connus du monde arabe passaient chez nous. Ce que je disais ne devait pas être très intelligent mais tous me traitaient avec respect. Ma mère, qui venait d'une famille d'aristocrates, était religieuse, mon père ne faisait pas le ramadan et buvait de l'alcool. Ils m'ont laissé décider de pratiquer une religion ou non. Je suis devenu athée.

196—XXI RENCONTRE « *C'est la littérature qui est engagée, pas l'écrivain* »

Une grande liberté, donc.

Le lycée français a été un espace d'indépendance inoubliable. Un professeur nous avait demandé de voter pour les textes littéraires que nous avions envie d'étudier. Grâce à cette astuce, nous avons commencé à adorer le français. Cela a été ma première et ma dernière expérience démocratique en Égypte !

À 12 ans, vous vouliez déjà être écrivain ?

Oui, pour faire comme mon père ! Parmi les textes étudiés à l'école, il y avait *Les Caractères* de La Bruyère. Un jour, j'ai essayé de faire comme lui. J'ai choisi mes oncles, les frères de mon père. Je suis allé interroger ma mère – qui les détestait – et je me suis mis à écrire. « *Il est paresseux, il demande toujours de l'argent, il ne veut rien faire dans la vie…* » Mon père est rentré. « J'ai écrit des "Caractères" comme La Bruyère !
— Très bien, montre-moi. »

Il a lu. Sur mon carnet, j'insultais ses frères. Il ne s'est pas fâché. Quelques minutes plus tard, il m'a donné ma première leçon de littérature : « *Quand tu décris des gens réels, tu dois changer les noms. Et tu dois avoir plus d'une seule source : ça, c'est l'opinion de ta mère.* »

Pourquoi alors être devenu dentiste ?

C'est un métier étrange, mais utile. Quand j'ai entamé mes études, l'Égypte était dirigée par un autre dictateur, Sadate. Mon père (encore lui !) m'a conseillé d'être dentiste :

> *En tant que romancier, si tu aimes les gens, tu aimes tes personnages. Si tu aimes tes personnages, cet amour sera transmis au lecteur.*

« *Tu seras tout le temps interdit d'écrire. Tu dois être rémunéré pour ton travail, pour ne jamais dépendre du pouvoir.* » Lui avait pu rester fidèle à ses idées grâce à son métier d'avocat. Sinon, pour vivre, il aurait certainement pu obtenir un poste au ministère de la Culture en se fendant de quelques articles flatteurs sur Nasser, socialiste comme lui, mais dont il abhorrait l'autoritarisme.

Ce choix de carrière vous a plu ?

Non ! Au bout de quelques mois, j'ai voulu aller en fac de lettres. Je pensais que mon père mettrait son veto.

Mais il a appelé le directeur de la faculté de lettres à l'université du Caire, qui était son copain, et le lundi dès 10 heures, j'étais dans son bureau. Je lui ai demandé son avis. « *Je te donne trente minutes, un papier, un stylo : note le nom de dix écrivains que tu aimes beaucoup.* » Le directeur m'a demandé combien d'entre eux avaient étudié la littérature. Dostoïevski, Tchekhov, Zola, Balzac, Mahfouz… Aucun. « *Tu vois, ce n'est pas avec un diplôme de lettres qu'on devient écrivain.* » Je suis donc resté en dentisterie.

Vous vous y êtes fait ?

Je ne suis pas tombé amoureux du métier, mais j'aime la manière dont je le pratique, car j'aime les gens. Je les écoute. J'essaie de ne pas les juger. J'ai fait de mon cabinet un lieu de rencontre. En tant que romancier, si tu aimes les gens, tu aimes tes personnages. Si tu aimes tes personnages, cet amour sera transmis au lecteur.

Racontez-nous cet *Immeuble Yacoubian*.

Il était tout près de mon école et abritait le cabinet d'avocat de mon père. Dès que j'y entrais, je sentais que quelque chose s'y jouait : l'histoire humaine. Je pouvais sentir respirer des vies. Ce bâtiment est une petite Égypte. Il tire son nom de l'homme qui l'a fait construire en 1934, Hagop Yacoubian, un millionnaire arménien. Des pachas, des industriels étrangers, des Grecs, des Français, des juifs, toute l'ancienne classe dominante, opulente et multiculturelle, y a habité. Mais quand les Franco-Britanniques et les Israéliens ont riposté à la nationalisation du canal de Suez, en 1956, Nasser a ordonné l'expulsion des Européens et des juifs. Avec les politiques de grands travaux, puis l'ouverture de l'économie au libéralisme, les inégalités se sont creusées. Des nouveaux riches se sont installés, des pauvres venus des campagnes ont investi le toit. Beaucoup luttaient pour survivre. Ces vies m'ont inspiré.

En réalité, ce n'est pas votre premier roman…

Non, le premier a été censuré trois fois, en 1990, 1994 et 1998. Sous Moubarak, c'est l'Office du livre, l'organe d'édition du gouvernement, qui décidait si un roman pouvait paraître. Le monsieur qui m'a reçu, et qui n'avait évidemment rien à voir avec la littérature, m'a dit :
« *Je ne publierai jamais ce roman.*
— *Pourquoi ?*
— *Parce que vous êtes en train d'insulter notre pays.*
— *Ce n'est pas moi, c'est mon personnage. Si mon personnage est un voleur, vous n'allez pas m'arrêter pour vol.* »

C'était devenu trop compliqué pour lui. À la fin, il a proposé cette solution : « *Écrivez une préface en disant que vous n'êtes pas d'accord avec l'opinion de ce personnage.* »

Vous avez écrit cette préface ?

Oui, j'ai pris un papier et je me suis lancé : « *Moi, Alaa*

> *Le succès peut être dangereux. J'ai choisi de continuer à recevoir mes patients. Certains venaient voir l'écrivain. Je leur rendais leur argent : "Ici, c'est pour les dents."*

el-Aswany, j'ai décrit un personnage terrible, Issam Abd el-Ati, dont je ne partage pas l'opinion, j'ai essayé de le convaincre mais… » Des bêtises de ce genre. Il s'est esclaffé : « *Ah ! Je vais publier ça en première page.* » Mais deux semaines plus tard, un censeur un peu plus intelligent m'a dit : « *Qu'est-ce que c'est que cette histoire de ne pas être responsable de son personnage ? Si vous voulez être publié, il faut retirer deux chapitres.* » C'était hors de question.

Au troisième refus, j'ai voulu migrer en Nouvelle-Zélande – parce que c'était très loin. J'ai dit à ma femme que j'en avais fini avec la littérature.

Comment avez-vous fait pour contourner la censure avec *L'Immeuble Yacoubian* ? Vous y décrivez des passions érotiques et des amours homosexuelles interdites, une corruption omniprésente, l'instrumentalisation de la religion aussi bien par les détenteurs du pouvoir que par leurs opposants…

Je suis passé par une petite maison d'avant-garde, très courageuse, Merit, qui avait déjà des tas de problèmes avec Moubarak. En trois ou quatre jours, c'est devenu un phénomène, qui s'est ensuite étendu au monde arabe, puis au monde entier…

Qu'est-ce que ce succès a changé dans votre vie ?

Le succès peut être dangereux – vous êtes isolé. Plus de 60 % des Égyptiens vivent en dessous du seuil de pauvreté. Je dois leur rester fidèle. J'ai choisi de continuer à recevoir mes patients. Certains venaient voir l'écrivain. Je leur rendais leur argent et les invitais dans le séminaire que j'organise chaque jeudi depuis vingt ans : « *Vous y écouterez la littérature. Ici, c'est pour les dents.* »

En 2004, vous participez à la fondation de Kifaya – « ça suffit » en arabe. Qu'est-ce que c'est ?

Un mouvement, presque symbolique, composé au

départ d'une dizaine d'intellectuels. Après vingt ans de pouvoir, Moubarak a dit qu'il voulait que son fils Gamal lui succède. À l'époque, il y avait déjà tellement de problèmes en Égypte… La dictature militaire, c'est terrible. À cause de l'oppression mais aussi parce que le régime n'est pas efficace. Avec Kifaya, on a défié l'état d'urgence, qui interdisait les manifestations, pour crier « ça suffit » : ça suffit Moubarak, ça suffit la corruption ! Pour la première fois, des gens ont osé toucher au tabou absolu : la critique du président et de sa famille. Des jeunes, des vieux, des manifestants de toutes les catégories sociales nous ont rejoints. « Kifaya » est devenu un mot slogan, symptomatique du ras-le-bol égyptien.

Vous vous attendiez à la révolution de la place Tahrir ?

Je savais qu'il y avait une manifestation le 25 janvier 2011. Je me suis levé à 6 heures comme d'habitude – j'écris de 7 heures à 13 heures tous les jours, cinq jours par semaine. Quand j'ai rejoint la place Tahrir, ç'a été la grande surprise. Des milliers de gens, incroyable ! Et la foule qui continuait à affluer. Je me suis dit : enfin, ça arrive ! Un journaliste espagnol qui avait connu les révolutions d'Europe de l'Est m'a dit : « *C'est une révolution, ça se voit sur les visages. Ils sont décidés, ils ne vont pas rentrer.* » J'ai passé dix-huit jours inoubliables. Une ou deux fois par nuit, on m'invitait à analyser la situation à la radio de la place de la Révolution.

> **Tous ceux qui ont vécu le printemps arabe y resteront fidèles. Parce que nous avons vu la violence de l'État, nous avons porté les corps de jeunes tombés sous les balles.**

Le fait d'être là, face à un million et demi de révolutionnaires, de tous vibrer ensemble, c'était incroyable.

Vous semblez encore submergé d'émotion…

Oui, car on a vécu des moments bouleversants. Un jour, un jeune a pris le mégaphone pour dire : « *Je m'excuse auprès de toutes les femmes qui ne sont pas voilées. J'ai été éduqué par les Frères musulmans, qui m'avaient appris que ces femmes-là étaient des prostituées. Mais je les vois, ici, si courageuses ! Je ne découvre la vérité que maintenant.* » Des scènes comme celles-là, ça nous donnait l'espoir. Si même un jeune Frère musulman, qui est une confrérie sectaire, changeait d'avis, tout était possible !

Pourtant, l'armée était là, qui tirait sur la foule…

On n'entendait pas le son des balles : on parlait, et soudain quelqu'un s'écroulait à côté de nous. Pourtant, les gens n'avaient pas peur, ils ne couraient pas. Nous étions tous prêts à y laisser notre peau. Tous ceux qui ont vécu cette révolution y resteront fidèles, comme à une religion. Pourquoi ? Parce que nous avons vu la violence de l'État, nous avons porté les corps de jeunes tombés sous les balles. Cela ne s'oublie pas. Jamais.

Votre cabinet dentaire a été attaqué. Que s'est-il passé ?

Arte tournait un documentaire sur mon itinéraire. Le matin, place Tahrir, les journalistes surprennent des militaires en train de massacrer des jeunes. Ils ont filmé la scène et me l'ont racontée en arrivant à mon cabinet. À la fin de l'entretien, trente barbus nous attendaient en bas. Ils m'ont agressé : « *Qui sont ces messieurs ? — Des journalistes français. — Non ! Ce sont des espions ! Et toi tu te vends à l'Occident et tu veux donner une image négative de ton armée !* » Ils nous ont attaqués physiquement. J'ai porté plainte. Le juge a rendu son verdict :

10 000 livres égyptiennes d'amende pour l'un de mes agresseurs. Mais aussi 10 000 pour moi !

Le 30 juin 2012, Mohamed Morsi obtient 51,7 % des voix. Candidat des Frères musulmans, il est le premier président librement élu. Vous, le démocrate, soutenez pourtant sa destitution. C'est contradictoire, non ?

Dans une démocratie, achète-t-on les votes des pauvres ? C'est ce qu'ont fait les Frères musulmans. Des dizaines de vidéos les montrent dans les villages les plus miséreux en train de distribuer des sacs d'huile et de sucre avant le vote. Mohamed Morsi s'est présenté comme « le premier président civil ». Il n'est pas militaire, c'est vrai. Mais il est membre d'une confrérie sunnite dont le seul but est d'imposer la charia dans le monde. Les Frères musulmans appellent au jihad, ils sont capables d'envoyer des jeunes frapper n'importe qui, comme des milices fascistes. Les femmes sont leurs premières victimes parce qu'en réalité ils ont peur d'elles. Ils se vantent d'avoir réussi à leur mettre le voile. Comme si Dieu avait révélé l'islam dans le seul but de couvrir les cheveux des femmes, et non d'établir la justice, la liberté et l'égalité.

Dans les journaux d'opposition, vous terminez vos articles par « *la démocratie est la solution* », parodiant leur mot d'ordre, « *l'islam est la solution* ». Vous dites

> *Ils se vantent d'avoir réussi à leur mettre le voile. Comme si Dieu avait révélé l'islam dans le seul but de couvrir les cheveux des femmes, et non d'établir la justice, la liberté et l'égalité.*

qu'ils sont une « *caricature de la religion* **», pourquoi ?**

Un musulman, c'est comme un juif ou un chrétien : c'est une personne qui a une religion individuelle. L'islamisme, c'est l'islam politique, qui a pour but d'arriver au pouvoir et de le monopoliser pour construire l'État islamique. Certains, comme les Frères musulmans ou Recep Tayyip Erdoğan, le président turc, utilisent le système démocratique pour le détruire. D'autres, comme Daech, usent directement de la violence. C'est une différence de technique, mais l'objectif est le même. Il n'existe pas d'islamisme « modéré » comme je l'entends parfois. L'islamisme, c'est toujours l'idéologie de la guerre.

Depuis dix ans, 85 % des victimes des attentats terroristes islamistes sont des musulmans. À Paris, vous avez eu une centaine de morts ; en Irak, c'est cent par jour. Et pourtant en Occident, vous ne faites pas la différence entre musulmans et islamistes. Moi-même, je subis cet amalgame et cette peur. À l'aéroport, on me dévisage comme si j'étais dangereux.

Un an et demi après l'élection de Mohamed Morsi, les Égyptiens sont retournés dans la rue. Pourquoi ?

Erdoğan est un islamiste bon élève : il a compris qu'il valait mieux « réislamiser » la Turquie par étapes, les réseaux de mosquées, les associations, puis les écoles, les journaux, les tribunaux… Morsi, lui, s'est empressé de modifier la Constitution par décret pour imposer la loi islamique. Nous ne voulions pas de taliban en Égypte ! La vague destinée à se débarrasser des Frères musulmans a été plus puissante encore que celle du printemps arabe : des millions de personnes ont manifesté pour demander une présidentielle anticipée. L'armée a alors organisé un coup d'État,

et je dois admettre que j'avais encore de l'espoir quand les généraux, M. Al-Sissi inclus, ont promis : *« On ne veut pas le pouvoir, on va organiser ces élections et le président ne sera pas un militaire. »* Les Frères musulmans ont fait des sit-in et ont été massacrés par l'armée – près de 1 000 morts. Puis le maréchal Al-Sissi a été élu en 2014, et réélu en 2018 à… 97,08 % des voix. Retour à la case départ.

Selon vous, quel est le drame de l'Égypte ?

C'est d'être pris en étau entre les militaires et les islamistes. Ils s'instrumentalisent les uns les autres pour obtenir le pouvoir et faire alliance contre la démocratie. J'ai écrit pour le *New York Times* cette histoire juive que je trouve très intelligente. Un juif demande à son rabbin l'aide de Dieu : il est pauvre, vit dans une seule pièce avec sa femme et leurs trois enfants, ne s'en sort pas. Le rabbin donne à l'homme un cochon : *« Dieu te demande de prendre ce cochon avec toi dans la chambre. »* Une semaine après, le juif dit au rabbin qu'il souffre : le cochon salit tout, ils ne peuvent plus dormir. Le rabbin répond que Dieu n'a rien dit de nouveau. Au bout de deux semaines, l'homme revient : *« Je vais me suicider, je deviens fou, le cochon commence à attaquer les enfants…
— Dieu dit que tu peux enlever le cochon. Comment tu te sens, maintenant ?* demande le rabbin.
— Formidable, je suis très content ! »

C'est exactement ce qui s'est passé en Égypte. Les militaires ont laissé les Frères musulmans arriver au pouvoir en sachant qu'ils mettraient le pays dans une situation terrible et que la population se sentirait comme ce pauvre juif. Maintenant, Al-Sissi clame que l'ordre est restauré grâce à lui. Et beaucoup le croient.

Comment le régime d'Al-Sissi vous a-t-il censuré ?

Ils n'ont pas fait un décret pour ça. Ils ont peu à peu rendu la situation intolérable. Par exemple, du jour au lendemain, le plus grand journal d'Égypte, dans lequel je signe un texte chaque mardi depuis des années, a déplacé ma chronique puis réduit la taille des caractères… Un ami, présentateur de télé, m'a dit que les services militaires lui avaient téléphoné en demandant de ne plus m'inviter sur les plateaux. Ceux que je conviais à mon séminaire recevaient ce genre de coup de fil : *« Vous êtes libre d'y aller. Mais vous avez des enfants, non ? Pourquoi ne restez-vous pas avec eux ? »* Aujourd'hui, pour écrire ou parler dans les médias, il faut la permission d'un officier. Ils peuvent vous arrêter dans la rue et contrôler votre page Facebook. Plus personne ne respire. La plupart de mes amis sont en prison. Et la prison sous Sissi, ce n'est pas ce que c'était à l'époque de mon père, où on traitait les détenus comme des êtres humains.

Comment vit votre famille, restée en Égypte ?

C'est compliqué. Mon fils, comédien, ne décroche plus

aucun rôle. Les producteurs n'osent plus lui en proposer parce que je suis son père. Quand ma plus jeune fille terminait ses études d'art, on a fabriqué un procès à ses dépens, à partir d'un banal accident de voiture, dont elle n'était pas responsable. Le rapport de police a été modifié à son détriment, elle a été condamnée en première instance à une semaine de détention mais on s'est battus, et elle a fini par être relaxée en appel. Pour salir notre famille, les médias racontaient qu'elle roulait en Hummer alors qu'elle avait une vieille voiture pourrie. « L'écrivain des sans-voix achète des Hummer à ses enfants ! », le régime se régalait. Elle m'a rejoint à New York, ainsi que mon épouse. Ma fille aînée, qui travaille dans la finance, vit aussi en Amérique.

Quelle devrait être l'attitude des États occidentaux ?

Ils ont toujours défendu leurs intérêts. Regardez le silence de l'Union européenne face à Al-Sissi ! Regardez Trump qui joue les représentants de commerce en Arabie Saoudite, le pays qui a fait découper en morceaux un opposant[1].

Voyez-vous en Abdel Fattah al-Sissi une figure romanesque ?

Totalement. Au temps où il dirigeait le renseignement militaire, je l'ai rencontré à deux reprises. Nous avons discuté des heures durant. Il a tout à fait le profil d'un personnage de roman. En Amérique latine, il existe

> En Amérique latine, il existe une catégorie littéraire qu'on appelle le "roman de dictateur". Al-Sissi aurait sa place dans cette collection.

une catégorie littéraire qu'on appelle la *novela del dictador*, le roman de dictateur. Al-Sissi – qui est capable de décrire les Égyptiens comme la prunelle de ses yeux, assurant qu'il n'est qu'un simple serviteur du pays – aurait parfaitement sa place dans cette collection.

Il reste populaire auprès de nombreux Égyptiens…

Une dictature est toujours une relation entre le peuple et le tyran. La Boétie, auteur français mort à 32 ans, ami de Montaigne, a très bien expliqué dans son *Discours de la servitude volontaire* la manière dont la domination est amenée à perdurer. Pourquoi obéit-on ? demande-t-il. Plus que la peur de la sanction, c'est d'abord l'habitude qu'a le peuple de la servitude qui explique que la domination du maître perdure. Je me suis appuyé sur ses théories pour écrire mon prochain livre, *Le Syndrome de la dictature*, dans lequel Al-Sissi s'inscrit dans une longue liste de tyrans, en Afrique, en Amérique latine, en Europe… En médecine, quand des problèmes de santé se répètent, on n'appelle pas cela une maladie, mais un syndrome.

Vous croyez qu'en Égypte ce syndrome peut disparaître ?

L'histoire prouve qu'après une révolution tout change. Et pas seulement dans le domaine politique. La mentalité, la vision du monde changent. Près de 67 % des Égyptiens sont des jeunes. Ils ont envie d'autre chose. Regardez ce qui se passe en ce moment au Liban ou au Soudan, où hier encore, on n'aurait jamais imaginé que le peuple puisse renverser Omar al-Bachir, au pouvoir depuis 1989. Pour l'instant, la Tunisie est notre seul succès politique dans le monde arabe et la démocratie y reste fragile, mais je suis fier des Tunisiens. En France, il a fallu près de quatre-vingts ans pour que la Révolution porte ses fruits. Soyons patients. Partout dans le monde, les peuples en ont assez de servir des gouvernements corrompus et autoritaires. Nous n'en sommes qu'au commencement. Mettez les lunettes de l'histoire, vous aussi serez optimistes.

Cinquante ans de dictature

23 juillet 1952 Coup d'État du Mouvement des officiers libres, organisation militaire clandestine dirigée par Mohammed Naguib et Gamal Abdel Nasser. Fin de la monarchie du roi Farouk. La République est proclamée en 1953, Naguib est président.

14 novembre 1954 Nasser évince Naguib, qui se rapprochait de la confrérie sunnite des Frères musulmans, organisation prônant l'islam politique. Il devient le raïs, chef incontesté de l'Égypte. Candidat unique, il est élu président de la République en 1956 avec près de 100 % des voix. Populaire auprès des moins aisés, il mène une politique dirigiste : redistribution des terres aux paysans, nationalisation du canal de Suez, construction du barrage d'Assouan pour alimenter le pays en eau...

1970-1981 Mort de Nasser en 1970. Le vice-président Sadate, candidat de l'Union socialiste arabe, le parti unique fondé par Nasser, lui succède. Il se défait de l'influence soviétique et libéralise l'économie.

1981-2011 Le 6 octobre 1981, Sadate est assassiné par des islamistes. Hosni Moubarak, vice-président, est élu le 13 octobre. Il restera trente ans au pouvoir.

La Constitution reconnaît les *« principes »* de la charia comme *« source principale du droit »*.

25 janvier-11 février 2011 Révolution égyptienne. La place Tahrir, au Caire, grouille de manifestants. Ils sont plusieurs millions dans le pays. Le 11 février, après une répression ayant causé au moins 850 morts, Moubarak démissionne. L'armée assure l'intérim et annonce un scrutin.

30 juin 2012 Mohamed Morsi, candidat des Frères musulmans, obtient 51,7 % des voix et devient le premier président librement élu. Il rejette un texte de l'ONU pour lutter contre la violence faite aux femmes et attaque l'indépendance du pouvoir judiciaire.

3 juillet 2013 Une contestation hétérogène – laïcs, pro-Moubarak ou révolutionnaires – monte. Menée par le général Abdel Fattah al-Sissi, l'armée arrête Morsi. Répression des Frères musulmans. Sans réelle opposition, Sissi est élu président le 8 juin 2014 avec 96,9 % des voix. Son bilan est sévère : 60 000 opposants en prison, censure des réseaux de communication, répression des homosexuels, explosion des prix. 32,5 % de la population vit sous le seuil de pauvreté.

Les écrivains médecins

Comme Alaa el-Aswany, de nombreux romanciers viennent du milieu médical. L'auteur américain Robin Cook, dont les thrillers auscultent les dérives du monde de la santé, est chirurgien ophtalmologiste. Au début du siècle, le Russe Mikhaïl Boulgakov a officié pour la Croix-Rouge. En France, la tradition des médecins écrivains s'est perpétuée depuis François Rabelais. Louis Aragon et André Breton, avant la naissance du surréalisme dans les années 1920, se sont rencontrés pendant leurs études de médecine. Louis-Ferdinand Céline, prix Renaudot 1932 pour *Voyage au bout de la nuit*, a soutenu une thèse de doctorat sur un médecin obstétricien hongrois. Encore aujourd'hui, les exemples pleuvent. La gynécologue Marie Didier publie chez Gallimard. Ou encore, le *« médecin par formation, écrivain par disposition »* Martin Winckler – connu pour *La Maladie de Sachs*, prix du livre Inter 1998 –, qui explique : *« Les deux vont ensemble : un médecin écoute les histoires, un écrivain les raconte. »* Chaque année depuis 1963, le prix Littré, décerné par le Groupement des écrivains médecins, couronne les livres *« dont les thèmes, les personnages, les idées procèdent en totalité ou en partie de l'humanisme médical »*.

POUR ALLER PLUS LOIN

Naguib Mahfouz, le « Balzac arabe »

On compare souvent Alaa el-Aswany à l'écrivain Naguib Mahfouz, considéré comme le maître de la fiction réaliste égyptienne. Également issu de la bourgeoisie, il est né au Caire en 1911. Une ville qui compte dans son œuvre : en témoigne sa « Trilogie du Caire », somme de plus de 1500 pages, publiée entre 1956 et 1957.

Dans la plupart de ses ouvrages, il tisse destinées individuelles et évolutions historiques, ce qui lui vaut le surnom de *« Balzac arabe »*. Sa carrière prolifique – plus de 50 livres en six décennies – atteint son apogée en 1988, lorsqu'il devient le premier auteur de langue arabe à recevoir le prix Nobel de littérature. *« Aucun écrivain arabe ne peut dire qu'il n'a pas été profondément déterminé par l'œuvre de Mahfouz »*, assure Alaa el-Aswany.

> **Mahfouz est le seul écrivain de langue arabe à avoir reçu le prix Nobel de littérature.**

Même s'il s'est montré moins virulent que son héritier, Naguib Mahfouz n'a pas hésité à critiquer les dérives du pouvoir et la censure religieuse. Dès 1959, son roman *Les Fils de la médina*, jugé blasphématoire, est interdit. Trente-cinq ans plus tard, à 83 ans, il est poignardé par un islamiste. Il s'en sort et meurt en 2006, à 94 ans, dans sa ville. Le 14 juillet 2019, un musée à son nom a été inauguré au Caire.

Naguib Mahfouz au Caire, en 1989.

La bibliothèque idéale
d'Alaa el-Aswany

Il n'a qu'une recommandation : lisez, relisez les classiques ! Il les a dévorés dès 12 ans. Dans les œuvres de ses auteurs fétiches, il n'arrive pas à choisir. Voici trois de ses fresques favorites.

Honoré de Balzac et sa *Comédie humaine*
En regroupant plus de 90 ouvrages (romans, nouvelles, contes et essais), écrits de 1829 à 1850, Balzac souhaite créer une *« histoire naturelle de la société »*, destinée aux générations futures. Il dessine des portraits devenus pour certains des archétypes : Rastignac, le jeune provincial ambitieux, Grandet, l'avare tyran domestique, le père Goriot, icône de la paternité.

Dostoïevski face au diable
Contemporain de Balzac, l'écrivain russe, épileptique, joueur couvert de dettes, bagnard, errant, devenu patriote de l'Empire, plante des personnages en proie à des passions et des duels intérieurs. Son obsession : le libre arbitre et l'existence de Dieu.

Le réalisme magique de Gabriel García Márquez
Auteur de *Chronique d'une mort annoncée*, *Cent Ans de solitude* ou de *L'Amour au temps du choléra*, conteur de la grandeur et de la décadence des peuples, le célèbre romancier colombien fait vibrer la part d'étrangeté, d'imaginaire et de mythe enfouie en chacun de ses personnages.

/ À LIRE, À VOIR

Dans la rue

« Que tremble l'injustice lorsque luttent ceux qui n'ont rien à perdre. »

GRAFFITI SUR UN MUR DE SANTIAGO.
LE CHILI EST SECOUÉ DEPUIS OCTOBRE 2019 PAR
DES MANIFESTATIONS CONTRE LA VIE CHÈRE QUI ONT FAIT
AU MOINS VINGT MORTS ET DES MILLIERS DE BLESSÉS.

Bénévole au château

« Je viens à l'Élysée une fois par mois, gratuitement, pour conseiller des types, qui sont payés 7 000 à 10 000 euros, sur un sujet qu'ils connaissent pas. C'est ça, mon boulot, au Conseil présidentiel des villes. L'instance a été inventée par Macron. Bon, ça sert les intérêts des quartiers, les intérêts de la France, mais pourquoi j'ai pas un poste pour le faire ? Je me suis mis à découvert pour venir à Paris, là. Je mange aux Restos du cœur toutes les semaines, carte numéro 292. Tu vois le délire ? J'en ai marre d'entendre : « *Oui… on va organiser des ateliers avec des jeunes… bénévolat… culture et découverte… activités*

À VOIX HAUTE

LU, VU ET ENTENDU, MORCEAUX CHOISIS

L'aube est venue

« Levez-vous ! Vous qui ne voulez plus être esclaves. Pour Hongkong, que la liberté triomphe ! L'effroi qui nous attend est profond. Pourtant, avec notre foi, nous continuerons. Dans le sang, les larmes et la sueur, nous avancerons. L'aube est venue. Libérons notre HK ! Dans un sursaut commun : révolution ! »

EXTRAIT DE L'HYMNE DES MANIFESTANTS HONGKONGAIS
CONTRE LA CHINE, DANS LA RUE DEPUIS MARS 2019. IL A ÉTÉ ÉCRIT PAR UN COMPOSITEUR ANONYME DE 23 ANS QUI SE CACHE SOUS LE PSEUDONYME « THOMAS DIX YHL ».

machins… *Ça va leur donner le goût du travail…* » J'ai des réunions et des déjeuners avec des ministres dans des salles dorées. Mais quand je rentre chez moi, faut que je mange et que je paie mon loyer. Alors le bénévolat et les trucs comme ça… ras-le-bol, quoi !

J'essaie d'être un modèle d'exemplarité pour les jeunes d'ici. Ils voient que je fais plein de choses, l'Élysée, les réunions, Sciences-Po, les costumes que je porte… Mais ils voient aussi que j'ai pas un rond. Que je galère. Que j'ai pas un contrat fixe de prévu. Donc les gars, ils sont dubitatifs par rapport au système. Et ils ont raison. Fut un temps où j'avais envie de me sortir de tous ces sujets, de vivre ailleurs, de penser à autre chose, d'arrêter tout ça. Mais la réalité, c'est

que mes compétences c'est la politique de la ville. C'est ça que j'aime faire, là où j'ai plein d'idées. Je veux m'engager. C'est presque devenu un devoir pour moi. Mais non : nous, c'est du bénévo-

lat qu'on doit faire. Juste du bénévolat… Du vent, quoi. »

SABRI B., 24 ANS, TOULOUSE.
IL A DEPUIS QUITTÉ LE CONSEIL PRÉSIDENTIEL DES VILLES. PROPOS RECUEILLIS PAR ALICE BABIN POUR L'ÉMISSION *LES PIEDS SUR TERRE* DU 5 JUIN 2019 SUR FRANCE CULTURE.

Eurêka!

«Chaque fois que Facebook se trompe, nous répétons un schéma épuisant : d'abord l'indignation, puis la déception et, enfin, la résignation. Il est temps de démanteler Facebook.»

CHRIS HUGUES DANS LE *NEW YORK TIMES* EN MAI 2019. COFONDATEUR DE FACEBOOK EN 2004 AVEC MARK ZUCKERBERG, IL A QUITTÉ L'ENTREPRISE TROIS ANS PLUS TARD.

Urgence

«*Quand l'espoir meurt, l'action commence.*»

SLOGAN DES ACTIVISTES D'EXTINCTION RÉBELLION, QUI ONT INVESTI LA PLACE DU CHÂTELET À PARIS EN OCTOBRE 2019.

Cheffe de famille

«Ce matin, à l'aube, j'ai pris un bus jusqu'à la clinique Biotexcom de Kiev. Il y a un an, j'ai décidé d'être mère porteuse. J'avais vu une pub sur les réseaux sociaux. Cette idée a choqué mon entourage. Mais je suis la cheffe de ma famille. C'est moi qui décide. Je respecte mon mari mais il sait que j'ai toujours raison. Il s'appelle Sasha, il est prof de fitness. Moi je m'appelle Daria, j'ai 22 ans et j'ai déjà une fille, Macha.

La clinique m'a donné un rendez-vous. Quelqu'un m'a exposé les conditions et la procédure. De retour chez moi, j'ai tout expliqué à ma famille. Ils ont compris qu'il n'y avait rien de criminel. Je veux juste que ma fille ne manque de rien. Avec l'argent, je vais pouvoir acheter notre maison. Ici le salaire mensuel moyen est de 300 euros. Mais ce n'est pas la seule raison. Ma fille, c'est mon bonheur. Je veux aider un couple à ressentir cette joie.

J'ai essayé une première fois. La troisième semaine, la grossesse s'est arrêtée. C'étaient des jumeaux. J'ai beaucoup pleuré. Je me sentais coupable. J'ai cherché les causes de cet échec. Je pensais avoir tout fait comme il fallait. Un mois après la fausse couche, la clinique m'a dit que mon organisme était prêt à assumer une nouvelle grossesse mais j'ai préféré attendre quatre mois pour porter un autre enfant. J'avais l'impression que quelque chose n'allait pas bien chez moi. Je me suis dit que si la deuxième fois n'était pas un succès, il n'y aurait pas de troisième.

Pendant la première grossesse, je m'adressais souvent à Dieu. Je lui demandais s'il fallait que je corrige des choses dans mon comportement. Cette fois, je ne demande l'aide de personne. Vous savez, c'est beaucoup plus facile de porter son propre enfant...

Là, à douze semaines de grossesse, je me sens très bien. Je suppose que je porte une fille, encore une fois. Je ne mange plus de viande, ni de poisson, ni de friandises. Je me lève tous les jours à la même heure. Je fais au moins 8 000 pas par jour. Regarde, ma montre connectée.

Je sais que le couple d'intention est français. Je l'ai lu dans le contrat. Mais je ne cherche pas à en savoir plus. Parce que ce bébé est français, je l'appelle « le petit croissant ». Il va grandir dans une bonne famille. Il sera aimé et il aura tout ce dont il a besoin.

Un jour, on a commencé à plaisanter avec mon mari : « Peut-être que ce bébé est le futur président des Français. Ou la première présidente ! » Bien sûr, je sais que ce n'est pas mon enfant. J'ai des relations de contrat avec lui.

La mère de mon mari ne comprend pas qu'on puisse ensuite remettre l'enfant à des inconnus.

Ma mère, elle, m'a dit : « Si j'avais été plus jeune, je l'aurais fait aussi. » Quand j'ai décidé d'être mère porteuse, j'avais peur d'être jugée. Lorsque, la première fois, je suis venue à la clinique, j'ai vu d'autres filles, qui partageaient la même crainte. Ça m'a rassurée. Entre nous, dans la salle d'attente, on parle de choses pratiques. Jamais des sentiments. Moi, je les interroge sur la nationalité des parents d'intention. Certaines portent l'enfant de Mexicains. C'est exotique !

En Ukraine, nous avons un proverbe qui dit : « Parfois, en pensant faire du bien à son enfant, on lui fait du mal. » J'aimerais emmener ma fille en Australie, parce qu'il y fait beau et chaud. J'ai lu que c'est un pays libre et tolérant. Tu peux avoir les cheveux roses, ça ne dérange personne. »

DARIA, KIROVOHRAD (UKRAINE). L'UKRAINE A OUVERT EN 2004 LA GESTATION POUR AUTRUI (GPA) AUX COUPLES HÉTÉROSEXUELS MARIÉS ÉTRANGERS. PROPOS RECUEILLIS PAR LAËTITIA GAUDIN POUR *XXI*.

Déterminée

« Ç'aurait peut-être été mieux si le garde du corps m'avait tuée. Ç'aurait été un vrai symbole. Il n'y a que comme ça que les choses pourront changer. »

MALAK ALAYWE HERZ, DEVENUE L'ÉGÉRIE DU SOULÈVEMENT LIBANAIS APRÈS AVOIR DONNÉ UN COUP DE PIED DANS L'ENTREJAMBE DU GARDE DU CORPS DU MINISTRE DE L'ÉDUCATION LORS D'UNE MANIFESTATION À BEYROUTH, CITÉE PAR *L'ORIENT-LE JOUR*, OCTOBRE 2019.

En mémoire

« Nous sommes faits de l'empreinte, en nous, de ce qui a disparu, de ceux qui ont disparu. Nous sommes faits d'absence. De la présence de l'absence. Des milliards d'années d'évolution du vivant qui nous ont donné naissance. Des dizaines de milliers de générations humaines qui nous ont précédés et qui nous ont légué ce merveilleux présent de la richesse et de la diversité des cultures humaines. Du souvenir des femmes et des hommes que nous avons connus, et qui ont disparu : cette part de chacun de nous qui survit dans l'univers mental des autres est une forme de "vie après la vie", étrange, belle et fragile. Y en a-t-il d'autres ? Je ne le sais pas. »

JEAN-CLAUDE AMEISEN, ANCIEN PRÉSIDENT DU COMITÉ CONSULTATIF NATIONAL D'ÉTHIQUE. INTERVIEW PUBLIÉE DANS *LE MONDE*, OCTOBRE 2019.

Blasée

« On nous parle d'un temps qui a duré vingt ans et qu'on ne veut plus connaître. »

SONIA, 16 ANS, PENDANT LES MANIFESTATIONS QUI SECOUENT L'ALGÉRIE DEPUIS FÉVRIER 2019.

Par le feu

« Aujourd'hui, je vais commettre l'irréparable. Si je vise le bâtiment du Crous à Lyon, ce n'est pas par hasard, je vise un lieu politique, le ministère de l'Enseignement supérieur et de la Recherche, et, par extension, le gouvernement.

Cette année, faisant une troisième L2 [*deuxième année de licence, ndlr*], je n'avais pas de bourse, et même quand j'en avais, 450 euros par mois, est-ce suffisant pour vivre ? J'ai de la chance d'avoir des personnes formidables autour de moi, ma famille et mon syndicat, mais doit-on continuer à survivre comme nous le faisons aujourd'hui ? Et après ces études, comment devrons-nous travailler, cotiser, pour une retraite décente ? Je reprends donc une revendication de mon syndicat, le salaire étudiant, et d'une manière générale, le salaire à vie. Pour qu'on ne perde pas notre vie à la gagner.

J'accuse Macron, Hollande, Sarkozy et l'Union européenne de m'avoir tué, en créant des incertitudes sur l'avenir de tout.es. J'accuse aussi Le Pen et les éditorialistes d'avoir créé des peurs plus que secondaires. Mon dernier souhait, c'est que mes camarades continuent de lutter, pour en finir définitivement avec tout ça.

Au revoir. »

ANAS, 22 ANS, ÉTUDIANT EN SCIENCES POLITIQUES, S'EST IMMOLÉ À LYON LE 8 NOVEMBRE 2019. JUSTE AVANT, IL AVAIT POSTÉ CE TEXTE SUR FACEBOOK.